共に生き、共に育つ

障害児保育の現場から／社会の壁をなくすために

Tokuda Shigeru
徳田　茂 著

ミネルヴァ書房

はじめに

「先生、うちに帰れていいね」。

女の子がポツリとつぶやいた一言が、私にとって一生忘れることのできないものとなりました。

一九七〇年、私は卒業とともに知的障害児の収容施設（現在の入所施設）へ就職し、そこで中学生の女の子から冒頭の一言を聞きました。

その子は、何の説明を受けることもなく、ある日突然、親元から引き離されて収容施設へ入れられたのです。そして、何歳になったら家に帰れるのか、何年たったら家に帰れるのかなどについて一切説明されることなく、職員の用意した日課に沿って日を送っていたのでした。理不尽なことです。

その二年後、私は父親になりましたが、自分の子がダウン症で知的障害があると知った時、あろうことか「自分の人生はもう終わってしまった」と思ってしまいました。

知的障害のある子の存在をないがしろにしている差別的な世の中を変えていくのだ、と意気込んでいたその私が、実はとんでもない差別者だった。能力主義にどっぷりつかり、「できる人はいい人、できない人はだめな人」と考えている人間だった。

この「発見」はあまりにも衝撃的で、思いもかけない自分の心の闇に驚愕するばかりでした。わが子に障害があることを恥ずかしく思う私と、そのような思い方をする自分を恥ずかしいと思う私が、入れ替わり立ち替わり表面に湧き出てきて、私はかじを失った船のようでした。

そんななかで、私は一九七四年に、障害が重いことを理由に養護学校からも排除された子どもたちを受け止めて、仲間の人たちと無認可の小さな通園施設「ひまわり教室」を開きました。二七歳の時です。

ひまわり教室を始めた私は、そこに通ってくる子どもたちから多くのことを学びました。たとえば、私の思い描いたようには、子どもたちは動きませんでした。そんな子どもたちの生の「声」（言葉にならないものも含めて）を無視しては、一歩も前へ出ることができませんでした。それは本で得た知識とはまるで別のものでした。頭での理解ではなく、体全体を通しての理解。頭でのかかわりではなく、体全体を使ってのかかわり。そこから初めて見えてくるものがあることを、子どもたちから直に教えてもらいました。

二〇歳代から三〇歳代半ばにかけての体験を通して、私は、よりよい子育ては大人の気づきや育ちを抜きには考えられないことや、障害のある子どもたちの保育や教育の問題は差別の問題を抜きには語れないことを確信するようになりました。「生き直し」とも言えるほどの経験の機会を与えてくれた子どもたちには、今も深く感謝しています。
その後も、ひまわり教室で出会い、生きる日々を共にした子どもたちから数え切れないほどの多くのことを教えてもらいました。その子どもたちへの恩返しをするつもりでこの半生を過ごしてきた、と言っても過言ではありません。子どもたち一人ひとりに直接恩を返すことはできないが、受けた恩をこれからかかわる障害児や家族の人たちに送ることはできる。それをすることが私の責任。そんな思いを心に刻んでの日々でした。

ひまわり教室はスタートから数年して金沢市の事業となり、法人が運営を委託される形になりました。定員二〇名の小さな通園施設で、スタート以来どのような障害のある子も受け容れてきたので、医療的ケアを必要とする子どもも含め、さまざまな子どもたちが通っています。比較的障害の重い子が多く、二重三重の障害を併せ持っている子もたくさん通っています。早い子は一歳頃から通い始め、三、四歳で保育園や幼稚園へ行く子もいれば、就学まで通う子もいるということで、通室期間の長さもさまざまです。

このささやかな本は、私がひまわり教室で子どもたちと過ごすなかで考えたことや、障害のある人たちをめぐる状況などについて考えたことを綴った文章をまとめたものです。四〇年余りのひまわり教室の歩みの、後半約二〇年の間に「ひまわり教室だより」という教室の「通信」に載せた文章がもとになっています。

第Ｉ部は、通信の原稿に手を入れた文章が中心になっています。大幅に加筆・修正を加えたので、もとの文章とまるで異なるものとなった文章も多く、その意味で、Ｉ部は現時点で私の考えていることや感じていることを述べたものとなっています。

一つひとつの事柄について深く考察する力量がないうえに、通信に載せる都合上、短文にならざるを得ず、浅いところをなぞっただけのものになっていますが、障害児の子育てに限らず、人が生きることに関心のある人たちの心に多少なりとも届くものがあれば幸いです。

第Ⅱ部には、折々の状況についての発言を載せてあります。こちらはあまり手を入れず、そのままの形で載せてあります。ローカルな話題も多いのですが、障害者問題や障害児の教育の問題を中心としたこの二〇年余りの世の中の変容を振り返ると同時に、自分の在り方を見つめる手がかりにしていただければ、と思います。

障害という言葉の表記について、少しふれておきます。二〇一一年に改正障害者基本法が施行されるまで、私は、「障害児」「障害」児といった具合に、カッコ（「 」）を付けていました。「一般社会で言われるところの」とか「所謂」とかの意味を込めてのことでした。「障害者が生きづらいのは本人に障害があるからだ」と考えている社会全体への異議申し立ての思いを込めて使っていました。

二〇一一年に新しく施行された障害者基本法では、障害の定義が「社会モデル」の視点を取り入れたものになりました。それまでのものが「医学モデル」の視点で障害を定義し、障害のある人の生活のしづらさを改善するためには、治療・訓練によって本人を変えていかなければならないと考えていたのに対し、新しい障害者基本法は、社会にある障壁を取り除くことの必要を明記しました。長年待ち望んだ改革が、ようやく実現されました。それを踏まえて、一つの区切りとして表記の仕方を変えることにしました。

というわけで、なにがしか、みなさんの心に届くようなものがありますように。ともあれ、ご一読のほど。

（引用した本の著者の敬称は略させていただきます）

共に生き、共に育つ

障害児保育の現場から／社会の壁をなくすために

目次

第Ⅱ部　状況の中で――「共に生きる」をめざして

第Ⅰ部　子どもと共に育つ——大人が変わると子どもが変わる

恩人

Aちゃんは三歳でひまわり教室に通い出しましたが、それまで口を大きく開けてものを食べることがありませんでした。口にするのはマーブルチョコくらいの大きさのものまで。足腰はけっこうしっかりしていて小走りで動くこともよくありました。言葉のないAちゃんでしたが、観察力は非常に鋭く、ちょっと気にくわないことがあると、パッと心を閉ざしてしまいました。周りに対して、とても警戒しながら動いているところがありました。

私の心の奥深くに残っているのはAちゃんとの食事のことで、ひまわり教室を開いて四〇年余りの間ずっと、その時の経験が重要な基点となってきました。目の前の子どもとのかかわりで悩んだり迷ったりした時、必ずと言っていいほど、Aちゃんとの日々を思い浮かべるのでした。

ひまわり教室を始めた頃の私は、書くのも恥ずかしいほど頭でっかちでした。大学で心理学を学び、知的障害のある子の心理や発達について勉強をしていたことや現場で少し経験していたことから、知っている理論や技法を使って子どもを伸ばしてあげるのが自分の使命だ、と思い込んでいました。

ところが、ところが。子どもたちは、私の思い通りには動いてくれません。若さもあって私は相当に気負い込んでいましたが、日々気持ちが空回りするばかり。特にAちゃんとのかかわりは、積んだりくずしたりの連続で、私の自信もどこかへ流れ去ってしまいました。

Aちゃんは小さなものしか口にしないだけではなく、他の子のようにテーブルに向かって食べることがありませんでした。テーブルに向かう以前に、みんなが食事をする近くに寄ることも嫌がるAちゃんだったので、少しでも「食べたい」と思えるように、Aちゃんの好きな、教室の横の広場の箱型ブランコで食べてみることにしました（ここへたどり着くまでにけっこう試行錯誤し、話し合いもしました）。まんじゅうが好きということで、近くの和菓子店へ一緒に買いに行き、向かい合ってブランコに乗り、小さくちぎったまんじゅうをそっと差し出すというやり方を見いだしました。「さあ、食べて！」などとこちらの気持ちが前のめりになると、Aちゃんは即座に心を閉じました。繰り返し失敗した結果、見つけたのが、「そっと差し出す」ということでした。

差し出された小さな一粒をジーッと見て、気が向けばAちゃんは手に取り口に入れます。気が向かないと、パーンと払いのけます。それを見て私が「Aちゃん！」と大きな声を出してしまうと、そこで食事は終わり。どの子もそうでしょうが、とりわけAちゃんは大きな声に敏感でした。すぐにブランコから降り、遠くへ行ってしまうのでした。「あ〜あ」と思っても後の祭り。今度は気をつけようと思い、心を新たにして臨むのですが、でも目の前でパーンとやられるとまた激しく動揺し、腹も立ち、つい大声を出しては自己嫌悪。こうしたことの繰り返しでした。

Aちゃんのいないところでは、冷静にAちゃんの気持ちを思いやることができるのです。Aちゃんのことをかわいいとも思うのです。ところがAちゃんを目の前にしてまんじゅうの小さな一粒を差し出す時、つい緊張してしまう。そんな気配を消そうと努めていたのですが、Aちゃんはこちらの心のこわばりを鋭く見抜きました。そして、簡単には心を開いてはくれませんでした。毎回が面接試験のようでした。失敗しながら、私は少しずつ少しずつ、気長にAちゃんと付き合えるようになっていきました。それほど緊張せず、ゆっくりと対面していることもできるようになりました。

かなりの間、Aちゃんは他の子どもたちと同じ所で食べることはありませんでしたし、他の子どもたちが食べているような大きさのおかずを食べることもありませんでした。

私たちの方は、いつかAちゃんが他の子と同じ場所で食べられる日の来ることを願っていました。他の場面では無理なくみんなと一緒にいる姿を見ていたので、いつかみんなと食べる日が来るだろうという見通しは、おぼろ気ながら持っていました。ただ、マーブルチョコくらいの大きさのものしか口にしないAちゃんが大きな塊を口にする日が来ることについては、はっきりした見通しを持つことができませんでした。そんななかで取り組みは続けられました。

実は私は、大学卒業後すぐに就職した収容施設で、その施設のなかで最も重度と言われる子どもたちのグループの担当として働いた経験がありました。その子どもたちとの活動を通して、こちらが勝手に作業計画を作って子どもたちを従わせようとしても、子どもたちがまるでのってこないことを学んでいました。

そんなこともあり、多少は障害児本人の気持ちを大事にすることの重要性を理解していたつもりでした。

ところが、ひまわり教室を始めて、重い知的障害のある子どもたちとかかわった時、子どもたちの力を信じられなかったのです。施設で最も知的障害が重いと言われていた子どもたち（小学校高学年）は、それでもかなりしゃべることができ、身の回りのことも相当自立していました。一方、ひまわり教室に通う子どもたちは全くおしゃべりができず、身の回りのこともほとんどできませんでした。その子らを目の前にして、私は、「子どもたちのことをよくわかっている私」と「自分のことをよくわかっていない子どもたち」という分け方をしてしまったのです。そして勝手に、「自分のことをよくわかっていない子どもたちを、よくわかっている大人の力で伸ばしてあげるのが大事な使命だ」と思い込んで子どもたちとかかわっていました。

そんな私の思い上がった心にガツーンと鉄槌を下してくれたのがAちゃんだったのです。

自分の思い違いに気づいたからと言って、そう簡単に変われるものではありませんでした。それでよく失敗もしたのですが、それでも何か月かを経て、Aちゃんに合格点をもらえるようになりました。

私を信頼してくれるようになったAちゃんは、有難いことにこちらの提案を受け入れてくれるようになりました。食べる場所はブランコから建物の中の廊下の隅になり、さらにはみんなの食べている部屋の隅になり、といった具合に、少しずつみんなの近くになりました。そしてついに、他の子らと同じ輪の中で椅子に腰かけ、テーブルに向かって食べるようになりました。

食べ物の内容も少しずつ変わっていき、まんじゅう以外に、小さめのおかずも口にするようになっていきました。そしてなんと、最終的には大きな塊のおかずを口にするようになったのでした。

一年かかったのかもう少し長かったのか、手元に記録がないので正確なことはわかりませんが、この間に、ガリガリだったAちゃんがムチムチの子になりました。

この四〇年余りの実践のなかで、多くの子どもたちと出会い、さまざまなことを学ばせてもらいましたが、なかでもAちゃんとのかかわりを通して教えてもらったことの大きさは群を抜いています。私にとってAちゃんは、かけがえのない大切な恩人です。若い頃にAちゃんとかかわれたことの幸せを、今もかみしめています。

ここでは私のことだけを書いていますが、当時教室には三～五人の職員がいて、それぞれにAちゃんとのかかわりを工夫し、Aちゃんとの信頼関係を深めていきました。それがあってのAちゃんの変容でした。

子どもはサインを出している

ある年、Bちゃんという女の子がひまわり教室へやってきました。Bちゃんは三歳で、四つんばいで移動していて、つかまり立ちはまだできませんでした。声は少し出ましたが、単語はしゃべりませんでした。食事の時は大人に食べさせてもらっていて、好き嫌いは特にありませんでした。

Bちゃんは教室に通い始めて一か月がたっても、はって移動することはほとんどなく、一か所に座ってぼんやりと周りを見ていました。そのような姿は他の子にも見られ、特に珍しいことではありませんでしたが、Bちゃんの場合は頻繁に泣くことが続き、それが私たちには気がかりでした。

かなり激しく泣くBちゃんだったので、職員は声をかけたり抱いたりしましたが、声をかけてもBちゃんは簡単に泣きやまず、抱こうとして手をさし出すとその手を振り払うこともよくありました。なんとか抱いてもBちゃんはすぐにそり返ってしまう。職員はあわててBちゃんを床に降ろす。するとBちゃんはまた泣き続ける。こんなことの繰り返しでした。他の子のこともあり、一人の職員がじっくりとBちゃんとかかわることができず、ちょっとした合間を見て声をかける程度のことしかしていませんでした。Bちゃんは時には三〇分以上も泣き続け、そのうち疲れたように泣きやむのでした。落ち着いた様子のBちゃんを見た時、職員はいろんなおもちゃを用意したりして一緒に遊ぼうとしたのですが、なかなか遊びが続かず、Bちゃんはすぐに退屈そうな表情になっていました。そのうち職員が離れると、しばらくしてまた大泣きするBちゃんでした。一日のうちに何回も、同じようなことが繰り返されました。

職員たちはなかなかBちゃんとのかかわりを深めることができませんでした。相手をしようとしても受け容れてもらえないと感じ、また抱いてもそり返るなど、激しい出方をするBちゃんに対して、尻込みしながらのかかわり方を続けていました。

そんなことが二か月、三か月と続き、さすがにこのままではよくないと思い、私はゆっくりとBちゃんの様子を観察することにしました。Bちゃんのなかで何が起こっているのか、それを少しでも理解したいと思ったのです。すると、いろいろなことが見えてきました。

たとえば、こんなことがありました。ひまわり教室では毎朝、「朝のあいさつ」の時間があります。子どもと職員が輪になって、その日のリーダーが一人ひとりの子どもの名前を呼んだあと、みんなでいろんな手遊びをして楽しみます。Bちゃんは一人で腰かけることのできる子でしたが、この時間にはよく抱いてほしがりました。その日もBちゃんが職員に向けてちょっと手を差し出したり体を傾けたりしましたが、そんなBちゃんからの訴えにはほとんど心を傾けず、隣の職員は一人で腰かけているように伝えていました。抱いてほしいというサインを出すBちゃんと腰かけるように伝える職員との間に何回かやり取りが繰り返されました。そのうちついにBちゃんは大泣きになり、そうなると簡単には止まりませんでした。

食事の時間にはこんなことがありました。Bちゃんの手の機能を見ると、自分で食べる力が十分にある。そう考えた職員たちは、Bちゃんに自分でおかずをつまんで食べるように働きかけていきました。その日も、ついた職員がBちゃんにおかずを握らせました。Bちゃんは手におかずを持たされる時に、ちょっと手をこわばらせました。それでも職員は自分の思いを優先させて、Bちゃんにおかずを握らせました。おかずを握ったBちゃんは、手をすぐには動かさず、かすかに職員に視線を向けて、手伝ってほしいことを伝えていました。はたで見ていると、Bちゃんからの気持ちがはっきりと読み取れました。しかし相手をしている職員はBちゃんの気持ちの方には関心を向けず、Bちゃんに頑張るように伝え続けるばかりでした。そのうちついにBちゃんは激しく泣き叫び、そこで食事は終わりになりました。

別の日には、食べさせてもらいながら食事をしていたBちゃんが途中で大泣きになり、そこで食事が終わるということがありました。ついていた職員は、突然Bちゃんが泣き出した、と思ったようです。でもこれにもちゃんとした理由があったのです。職員の食べさせるペースが遅く、それに対して、Bちゃんは不満そうな様子を見せていました。ところが職員の方はそのことにまるで気づかず、自分のペースでのんびりと食べさせていました。その結果、Bちゃんを大泣きさせてしまったのでした。

実は通い始めて数か月の間、Bちゃんは一度も食事を全部食べ切ったことがありませんでした。連日途中で大泣きになり、そこで食事が終わっていました。職員は「Bちゃんとの食事は難しい」という思いを持っていて、明るい見通しを全く持てていませんでした。

観察の結果が教えてくれていることは明らかでした。Bちゃんが問題なのではなく、Bちゃんの出しているサインに気づかなかった職員たちが問題だったのです。それがわかった以上、自分たちが変わるしかありません。

さっそくミーティングをし、私は自分の見たことや考えていることを他の人たちに伝えました。Bちゃんは決して訳もなく急に大泣きをするのではなく、大泣きするまでに細かいサインを出していること。Bちゃんの表面に現れた行動の激しさに囚われず、その奥にあるBちゃんの気持ちを理解することが大事なこと。さらに、我々がちょっとしたサインを見逃さずに対応すれば、Bちゃんは激しく泣く必要はないだろうということ。

このミーティングを境に私たちはBちゃんとのかかわりを見直し、ちょっとしたサインにも気づくように心掛けるようになりました。たとえば、座っているBちゃんが「ウーッ、ウーッ」と小さな声を出した時に素早く近づき、抱き上げてグルグルーッと回ってみると、Bちゃんは目をキラキラさせて笑いました。また食事で私たちは、Bちゃんのちょっとした視線の運びや手の動きに注意を向けながら相手をするようになりました。Bちゃんが握ったおかずを口まで持っていく動きをする際に、手伝ってほしそうな様子が見えた時はこちらがBちゃんの手を持って手伝ってあげるようにし、チラッと視線がコップの方に向けられた時にはすぐに、「はい、お茶だね」と言ってコップを口に持っていくようにしました。

もちろんうまく対応できずBちゃんを泣かしてしまうこともありましたが、それでもBちゃんの変容は劇的と言ってもよいほどのものでした。

意識的にかかわり方を変えて一か月もたたないうちに、Bちゃんが食事中に泣くことがほとんどなくなり、Bちゃんは食事を全部食べるようになりました。それから二週間後、Bちゃんにおかずを握らせてあげると、自分で口へ持っていくようになりました。

遊びの時間でも大きな変化が見られました。ずっと座って過ごすことの多かったBちゃんが自分からはっておもちゃの所へ行くようになり、おもちゃを持って振ったり放ったりして遊ぶようになりました。自分で放ったおもちゃをはって取りに行き、また放っては取りに行き、といった具合に遊びが続くようになりました。

一か月半を過ぎた頃にはBちゃんの泣きは激減し、「泣かないのが普通」になりました。

その後も次々と新しいBちゃんが現れてきました。支えてあげれば嫌がることなく立ったり少し歩いたりするようになり、食事ではおかずやごはんののったスプーンを握らせて、少し支えてあげると自分で口にもっていくことが増えていき、連日楽しい食事時間となりました。

私たちが変わればBちゃんが変わる。そう考えていた私でしたが、Bちゃんの変化は私の見通しをはるかに超えるものでした。取り組み始めて三か月たった頃には、職員の間でよく、「今のBちゃん、泣かそうと思っても泣かないよね」とか「通い出した頃のBちゃんの顔、思い出そうと思っても思い出せないね」とか話し合われるようになりました。それほどBちゃんの表情が変わり、キラキラした目でニコニコ微笑みながら過ごすBちゃんが当たり前になっていたのです。

今でもBちゃんとのことを思い出すたびに、申し訳なさと有難さの二つの感情が湧いてきます。もっと早くにBちゃんからのサインを理解できていたら、Bちゃんはもっと早くに楽になれたに違いない。このことについては本当に申し訳ない。その一方で、私たちのそれまでのミスを許してくれて、輝くほどの笑顔を見せてくれたBちゃんには、ただただ感謝するばかりです。

子どもたちはみな、日々生きながら、何がしかのサインを出しています。障害が重くなるほど、その出し方は微かになります。対人関係で傷ついた子のサインもわかりにくいことが多いように思います。でもそれぞれになにがしかのサインを出しています。サインという言葉を使うと、あたかも子どもがはっきりと意識的に意思表示をしているかのようですが、どの子のサインも最初から意識的・自覚的というわけではありません。なかには誰かに伝えようというよりは、その時の情動を表出しているだけのこともあります。誰かに向かって声を出している風ではないのです。誰かに向けて出しているわけではない情動を誰かにキャッチしてもらうことを通して、子どもは少しずつ方向性を持った出し方をするようになります。加えて、「誰かに今の自分の気持ちを受け止めてほしい」という気持ちのこもった声の出し方や表情になってきます。大人からすると、わかりやすくなります。

Bちゃんも、お茶がほしい時に、最初はチラッチラッとコップに視線を送るだけだったのが、手をコップの方へ差し出すように変わっていきました。そのやり方は私たちが教えたり、そうするように求めたりしたことではなく、Bちゃん自身が見つけたやり方でした。そうした方が職員にわかりやすいだろう、鈍感な人もわかってくれるだろう、そんなことをBちゃんが考えたかどうかわかりませんが、確かにBちゃんは私たちにとってわかりやすいサインを送るようになっていきました。

ひまわり教室に通ってくる子どもたちのなかには障害の重い子が多く、そうした子どもの場合、簡単にはその子の気持ちを理解できないことがよくあります。それでも「この子も必ず何か感じているはず」との思いでかかわっていると、本当に有難いことに、「子どもの心と確かに響き合えた」と思える瞬間が必ず訪れます。その時のしあわせな気持ちといったらありません。

子どもが変わって、仕事は半分

「Cちゃん、いい表情になってきたね。目も合うようになって、いい感じだねぇ」
「……、でもC、まだ言葉出ないし……」

胸を打たれたような感じでした。独りよがりに気づいた私は、とっさに自分の気持ちを切り換え、Cちゃんのことを語り合うのをやめ、お母さんの思いに耳を傾けることにしました。ひまわり教室を始めて一〇年近くたった頃のことです。

Cちゃんは三歳の子で、足腰はしっかりしていて走ったりもしていました。食事は少し手伝ってあげればスプーンで食べていました。お母さんの気がかりは、Cちゃんと心が通じ合う気がしないことで、生き生きとした心の交わりを感じることができないままに三年余りを過ごしてきたということでした。

確かにひまわり教室に通い始めた頃のCちゃんは私たちと目を合わせることがなく、他の子どもたちへの関心もなさそうでした。また朝迎えに行った時、お母さんと別れても不安がる様子がなく、そのことでお母さんは少しさみしそうでした。Cちゃんは心の動きがロックされているようで、喜怒哀楽が表に出てきませんでした。

Cちゃんが嫌そうにしない限り、折りをみて私たちは抱いたりそばへ行って軽く声をかけたりと、肌のふれ合いも交えて心を通い合わせるように努めました。何か具体的な力をつけるのはもっと先のこと、今はともかくCちゃんの心が動くようになるのを手助けすること。そんな思いで日を過ごしました。

三か月、四か月とたつうちに、少しずつCちゃんの心のドアが開かれて行きました。最初の頃は抱かれても表情は硬いままで目を合わせなかったCちゃんが、体をやわらかくして少し目を合わせるようになりました。そばに行ってもほとんど関心を示さなかったCちゃんが少しずつ一緒に遊ぶようになり、ほおがゆるみ出し、表情に動きが出てきました。

そんなことがあっての、冒頭の私の言葉でした。

まず目が合うようになること、加えて表情が出てくること。そこを目当てにCちゃんと付き合っていた私は、Cちゃんに変化が見られ出した時、そのことをお母さんと一緒に喜べるものと思い込んでいたのです。自分の心の動きとお母さんの心の動きは同じだ、と勝手に決め込んでいたわけです。

お母さんから返ってきた言葉ではじめて、私は、自分とお母さんが見ていたものや求めていたものが違っていたことに気づかされました。

お母さんの話は、おおよそ次のようなものでした。

――近所に同じ年頃の子が何人もいて、その子らはよくおしゃべりをし、元気に遊び回っている。普通の子はあんなにしゃべって動き回るんだと思うと辛くなる。それで、子どもたちのいる公園へCを連れていけない。

自分は、いつかCもあの子たちのようになってほしい、と思っている。でも、他の子と比べてみると、Cは全然違っている。いつかCがあの子たちのようになる日がくるのだろうか…。

お母さんの辛さや不安がひしひしと伝わってきました。当然のことながら、Cちゃんが他の子らのようになるという保証はできないので、無責任なないぐさめを言う気持ちは全く起こりませんでした。また、「Cちゃんには Cちゃんの良さがあるのだから、それを見ていきましょう」などと言う気も全く起こりませんでした。私はお母さんの思いに心を傾け、聴くことに集中しました。

話の中でお母さんは、他の子と比べずにCちゃんはCちゃんとして受け止めようとするけれども、どうしても比較してしまう、とも語りました。

当たり前と言えば当たり前ですが、子どもと親は別の人格を持った、それぞれ独立した個人です。いかに親子（とくに母子）がワンセットのように見える場合でも、子どもは子ども、親は親です。子どもの気持ちと親の気持ちが同じように変化していくわけではありません。また、同じ子どもを見ていても、私たち職員と家族とでは感じ方や将来への思いなども異なります。

こうしたことは、ひまわり教室を始める前から付き合っていたいくつかの家族の姿を通して、私なりに理解していました。

しかし、実際にひまわり教室でさまざまな障害のある子どもたちを受け入れ、並行してお母さんとの相談を重ねていくなかで、知らず知らずのうちにお母さんに変わることを求めたり、お母さんも自分たちと同じ思いのはず、と勝手に思い込んだりすることがよくありました。

とりわけ初期の頃は、子どもの育ちのためにお母さんも職員と同じ思いで取り組んでほしいとの思いが強く、そのことをよく口にしていました。

お母さんたちからは当然、いろいろな形での「反論」や「訴え」などがありました。しかし当時の私は、その一つひとつの言葉にていねいに耳を傾けるよりも、逆に理解を求めることにエネルギーを注ぎ、懸命に自分の思いを伝えていました。当時の他の職員も似たようなことをしていたように思います。

障害が重いことを理由にあちこちから断られた子どもたちを受け入れ、その子らにも育つ力があることをいろんな人たちに知ってもらいたいと考えていた私たちは、今から思うと、ずいぶん気負っていました。そんなことも手伝って、ついお母さんたちに求めることが多くなってしまう面がありました。

お母さんの思いを聴くことが大切と考える一方で、お母さんに変わることを求めたり頑張ることを求めてしまう自分。容易に解消できそうにない矛盾をかかえながら、私は自分の在り方をさぐって、本を開いたり大学の頃に世話になった先生を訪ねたりしていました。休暇をもらって大学の講義を聴きに行ったりもしました。

そんな私がたどり着いたのが、「子どもが変わって、仕事は半分」。日々の保育を通してどの子もいい表情になり、いろんな力を示すようになります。子どもの育つ姿を見ることは、私たちにとって大きな喜びです。大切な仕事ができた、という思いにもなります。でも、そこで満足してはいけない、ということです。「親の思いを聴く」という大事な仕事が残っているのです。そのことに気づかせてくれたのが、Cちゃんのお母さんの一言でした。時間にすれば一分もなかった瞬間的と言えるような体験とそれからの数十分の「聴く体験」は、今思い起こしても有難いものでした。親の思いに耳を傾けて聴くとはどういうことか。親の思いに寄り添い、共に生きることはどういうことか。そのことについて、目が覚めるような認識を持つことができました。それまでもお母さんの話を聴くことの大切さは認識し実践しているつもりでしたが、それらがいかに浅薄だったかをCちゃんのお母さんに教えてもらいました。

「子どもが変わって、仕事は半分」。そのことがストンと腑に落ちてからは、相談の席で「子どもの育ち」の話をしていても「子育て」の面（つまり、お母さんの気持ちの面）にも心を配ることを忘れないようになり、より深くお母さんの思いに耳を傾けるようになりました。

その後の相談の席で、お母さんたちから、障害のある子の親になってしまったことの苦悩や子どもへの申し訳なさ、家族の無理解への不満、将来への不安、きょうだいのことなど、さまざまな話を聴いてきました。変わりたいと思ってもなかなか変われない自分へのもどかしさが語られることもありました。私は安易にアドバイスしたりなぐさめたりすることは控え、お母さんの話に耳を傾け、必要に応じて私の感じていることや考えていることなども伝えたりして、心の整理の手伝いをするようにしてきました。そのなかで多くのお母さんたちは「生き直し」と言えるほどの変容をとげていき、障害のある子と共に地域で生きる人となっていきました。

つい二、三分前まで遊戯室で子どもと楽しく遊んでいて、相談室に入るとその子のお母さんから深刻な話を聴く。そんなこともよくありました。子どもの育ちとお母さんの思いがいつも同調的に変化するわけではないことを肝に銘じることができてからは、切り換えはさほど難しいものではなくなりました。

さてCちゃんとお母さんとのことですが、Cちゃんはその後も教室で楽しく過ごし、ますます魅力的な子になっていきました。他の子どもたちと遊ぶようにもなりました。でも、お母さんの気にしていたおしゃべりについては大きな変化は見られませんでした。ところがおもしろいことに、月日がたつうちにお母さんはCちゃんがしゃべらないことをあまり気にしなくなり、それよりもCちゃんと心が通じ合うようになったことがうれしそうでした。お母さんの表情は明るくなっていき、相談の席で、近所の子どもたちのいるところへCちゃんを連れていったことをうれしそうに話すようにもなりました。

やがてお母さんはCちゃんを近所の保育園へ入れることを決め、Cちゃんはひまわり教室から旅立っていきました。

「子どもが変わって、仕事は半分」。今ではひまわり教室の実践の根本をなすほどの重要な標語となっているこの言葉にふれるたびに、Cちゃんのお母さんとのあの時間が思い起こされます。

わが子の障害の受容

自分の子どもに障害がある。そのことを知らされたときの両親の激しいショックは、これまで多くの親によって語られてきました。何人ものお母さんが、医師から話を聞いた後、どのようにして家までたどりついたかを全く覚えていない、と言います。来る日も来る日も泣いていたという人や、周りには明るく振る舞いながら、一人になると泣いていたという人もいました。

ひまわり教室のお母さんたちの手作りの文集『みちのり』に載っている手記のなかにも、そうした話がよく出てきます。ひまわり教室での個人面接相談の席でも、よく「宣告」を受けた際の経験が語られます。

障害のあるわが子の存在を受け入れること、換言すれば、わが子の障害を受け入れること。それは、どの親にとっても大きな仕事です。私自身も、かつて長男の知行《ともゆき》が知的障害児だとわかった時に、思いもかけない情動の渦に巻き込まれ、もがきあがきながらの日々を送りました。明日への希望などまるで抱けず、不安におしつぶされそうになることがしょっちゅうでした。

子どもの障害の受容の重要性と困難さを痛感しているので、前の方でも書いたように、ひまわり教室では保育ばかりでなく、親との話し合いをとても大切にしています。

子どもは日々の保育のなかで、それぞれ力をつけていきます。そして、自分を主張し、その存在を周りに強く印象づけながら生きていきます。それは、見ていてほれぼれするほどの姿です。子どもの育ちを喜ぶ一方で、私は、親をはじめ家族の人たちが障害のある子どもとの生活に希望を持てるようになってはじめて、私たちは家族に対してなにがしかの手助けができたと言える、と考えています。

子どもの育ちのベースは、日々の生活です。毎日繰り返される生活のなかで、子どもはいろんな人と出会い、さまざまな経験をします。そのなかで子どもは、自分を取り巻く世界について知ったり人間関係の楽しさや難しさを感じたりしながら、力をつけていきます。子どもの日々の生活が豊かであることが、子どもの育ちにつながります。

子どもの生活のなかでもっとも重要なのが家庭です。そこでの営みが彩り豊かであれば、子どもの心は豊かなものになるでしょう。そのためには、障害の受容がとても大きなポイントになります。わが子の障害をそのままに受け入れ、ゆとりを持って生きることができた時、親にとってその子との生活は、以前とはずいぶん彩りの違うものになります。このことは、多くの人が語っています。

障害の受容は決してやさしいことではありません。絶望・悲嘆・不安・後悔・申し訳なさ・情けなさ・恥ずかしさ・辛さなど、諸々の情動が湧き上がってきます。それらの情動は、障害をマイナスと捉える価値観と深く結びついています。親は否応なしに、そうした価値観を持っている自分という存在を問わざるを得なくなります。この自分を見つめる作業が、実は子育て以上に難しい。

自分を見つめて変えていく営みは、急峻な山道を登るような難しい仕事です。時には自分の足元がぐらぐらと揺れ動いて、日々の生活もままならないこともあるほどです。一人だけで歩んでいくのはたいへんです。そこでひまわり教室では、それぞれのお母さんと一か月に一、二回の個人相談の時間を持ち、一か月に一回お母さんたちの学習会の機会を用意しています。

個人相談の席では、話す内容に制限は一切なく、どんな話をしてもよいことになっていて、どの話にも職員は耳を傾けます。実際には子どもの育ちのことばかりでなく、家族関係のことやお母さん自身の生い立ちのこと、近所の人たちのこと、きょうだいのこと、学校や保育所のことなど、多様なことが話されます。

お母さんたちの学習会では、先輩の話を聞いたりする一方で、互いの経験を語り合います。そこでの語り合いを通して、お母さんたちは孤立感から脱け出したり、子育てのヒントを得たりして、生きていく力を獲得していきます。

わが子の障害の受容はたいへん困難な仕事ですが、それをやり遂げた人たちの生きる姿のすがすがしさを見るにつけ、人間存在の秘めている可能性の大きさを思います。

「気づき」と「確かめ合い」

ひまわり教室ではこれまで四〇年ばかりの間、毎年レポート検討会を続けてきました。三〇年余り前からは「レポート合宿」という形で、能登地方や加賀地方の宿泊施設（ひまわり教室らしく、安い所を捜しながら）で泊まり込みの検討会を続けてきました。レポート合宿を始めてまもなくの頃から、大阪市立大学教員の堀智晴さんがゼミの学生さんたちや知り合いの人たちと一緒に参加してくれるようになりました。また、障害者の通所事業所「つながりの家」「すーぷる」や「パッチワーク」、障害者生活支援センター「エポック」など、ひまわり教室と縁の深い事業所が作られると、そこの職員たちにも加わってもらい、今は六〇名程の参加者による合宿となっています。

二四、五年前からは、各事業所の職員数が増えたこともあり、レポート検討会は一年に二回となり、一回目はたいてい一月下旬か二月上旬の土曜日の九時から四時半頃まで、二回目は二月下旬か三月上旬の金曜日の晩から土曜日の午前一杯という形になっています。

始めた頃は職員六、七人で簡単なレポートを出し合い、ああだこうだと語り合う程度のものでした。「どんなものでもいい、誰もが年に一本はレポートを書こう」ということで、書くことが苦手な人も含めて、どの職員にもレポートを出してもらいました。内容はけっこう幅が広く、遊びの取り組みや遊具作りにまつわる話から、何年もかけた保育実践の振り返りまで、各職員が思い思いの文章を出してきました。長さも自由で、短いのは三、四ページ、長いのになると一五、六ページという具合でした。

レポートの内容やその長さはさまざまでしたが、レポートを書くうえでたがいに気にかけてきたことがあります。それは、一つには「自分を問うこと」であり、二つには「子どもの育ちから学ぶこと」でした。さらには「家族の生き方から学ぶこと」も大切な視点とされてきました。

日々の活動に追われていると、私たちは自分の営みについて問うことを忘れがちになります。忙しさは人の感性を鈍らせ、自分の足元を見えにくくさせます。私自身、そうした危うさを繰り返し思い知らされてきました。

障害のある子の育ちの手助けをしたいと思って仕事をしているつもりだったのに、いつの間にか子どもを思い通りに変えようとしている自分がいる。それぞれの家族が自分たちの納得できる生き方を見出していけるように手伝いたい、という思いとは裏腹に、私の考えているのとは違う生き方をする人を見ると、ついつい非難がましい目になってしまう。ちょっと油断していると、自分が大事にしたいと思っているのとはまるで違う感じ方や動き方をしてしまう私がいる。それがひまわり教室を始めてから一〇年ばかりの間の私の姿でした。

保育や教育、福祉の現場に身を置く者は、主観的には目の前の人の役に立ちたいと考えていながら、それとはまるで正反対のことをしてしまうことが、往々にしてあります。そのことは、ひまわり教室を始めるまでに身を置いた現場で実際に見てきました。「あの人たちのようにはなるまい」と思いながら仕事をしていたものです。ところが、いざひまわり教室で仕事を始めたところ、私が批判してきた人たちと同じような過ちを、私自身が繰り返していたわけです。当時の他の職員も、私と五十歩百歩だったように思います。

右のようなことがあり、自分たちの日々の活動を振り返り、自分たちの足元を見つめ直すために、「書くこと」「書いたものをもとに語り合うこと」をひまわり教室の活動の重要な柱として位置づけました。

当然のことながら、数年レポート検討会を続けたからといって、私たちが右にあげたような過ちと無縁になったわけではありません。レポートをもとに語り合っている時はけっこう冷静に自分たちを見つめることができて、「子どもたちに悪いな」と思ったり

「これから気をつけよう」と思ったりするのですが、いざ子どもと向き合うと、またまた同じような過ちをくり返してしまう。そんなことがよくありました。

ただ、レポート検討会での、職員どうしの語り合いを通して、私たちは、「自分たちはよいことをしようと思って活動していても、時として過ちをおかしてしまう存在である」ということをより自覚するようになりました。さらに、それぞれが直面する困難（「どうしても○○ちゃんを受け入れることができない」「子どもとしっかり向き合わなければならないと思うのに、ついつい逃げてしまう」「なかなか遊びが思い浮かばず、遊びのリーダーをするのが苦痛」など）を一人だけの問題としてすませるのではなく、たがいに気にかけ合うようになっていきました。それだけでも、私たちにとって、レポート検討会の意味はずいぶん大きいものがありましたし、それは今でも変わりません。

レポート検討会は、いわば「気づき」と「確かめ合い」の場ですが、この二つのことは、私たちのような仕事をしている者にとって、不可欠といえるほどの重要性をもっています。

気づきに関連して、私はかつて拙著『知行とともに　ダウン症児の父親の記』（川島書店・一九九四年）の中で、次のように書いたことがあります。

――知行やひまわり教室の子どもたちとともに生きるなかで、私はずいぶん変わった。目を開かれた思いがしている。以前の私は「障害」児を伸ばす対象として見て、しかもより速く、より効果的に伸ばすことを目指していたが、ここ三、四年の私は〝「障害」児も生きる主体である。この子らにはこの子らの歩幅がある。一人ひとり、自分の歩幅で生きていけばよい。私もそれにつき合い、一日一日を楽しくゆたかにしていければそれがうれしい〟と思うようになった。効率やスピードとは縁が切れた。これが私としてはうれしい。知行やひまわり教室の子らに、深く感謝している。

右の文章の原文は、一九八三年の二月の「ひまわり教室だより」に掲載されました。障害のある子どもたちを訓練の対象とする見方に対して、私はひまわり教室を始めた頃から疑問を持っていましたが、そういう私も、最初の頃、子どもたちを少しでも速く伸ばすために、換言すれば私の思い描いているように子どもを変えるために、ずいぶん精力を傾けました。そうすることが子どものためだ、と思っていたのです。その一方で、障害の重い子にも伸びる可能性があるという、自分の考えの正しさを周りの人々に示したい、との思いもあったのは確かです。この手の熱心さが危険であることに、当時は気づきませんでした。自分の在り方や人間観を問うことをあまりしないままに、私は自分の力で子どもたちを変えてあげるのだと意気込み、他の職員にいろんな技法を提案したりしていました。

そんな私の在り方ややり方を根本から変えてくれたのが、ダウン症である息子の知行であり、ひまわり教室の子どもたちでした。「ぼくはぼくだ。ぼくにはぼくのやり方があるんだ!!」「私は私のやり方で食べたいの!!」。体を張った子どもたちの主張にむかついたりたじたじになったりしながらも、私は自分の在り方を見つめ直す仕事を続け、時間をかけて少しずつ変わることができました。

その一方で、周りの職員たちとはものすごいエネルギーで議論を重ねていました。あまりにも他の職員との距離ができすぎて保育に入ることができず、外で草むしりをして過ごすことも二度や三度ではありませんでした。周りの職員もそんな私と付き合わなければならず、さぞかしたいへんだっただろうと思います。

実践の現場に身を置く者として、私は子どもたちの生きる姿や育つ姿から学ぶことを忘れずにいたい。そして、自分を見つめる仕事を忘れずにいたい。そんな私にとって、レポート検討会はなくてはならない貴重な機会です。

育ちの中身

教室で子どもたちとかかわっていると、人間関係の問題を抜きにしては、子どもたちの生活や育ちは語れないことを痛感します。ある子と一人ひとりの職員との関係はどうか。その子と周りの子どもたちとの関係はどうか。さらには、その子と家族の関係はどうか。そうしたことを問うことなしに、子どもがどれだけ伸びたかだけを云々していたのでは、子どもの生きる姿（あるいは、生身の子ども、と言っていいと思います）を理解したことにはなりません。

たとえば、ある子（Dちゃんとしましょう）がこの一か月でスプーンの使い方が上手になった、という時、その実際の姿をたどっていくと、そのなかに実に多様なものがあることが見えてきます。

ひまわり教室では食事の時間に、子どものそばに大人が付いて介助したり指導したりしていますが、誰が付くかによってDちゃんの食事の様子がまるでちがうものとなります。ある職員が付くとDちゃんはとても落ち着いて、皿の中のおかずをしっかりと見、手の動かし方も慎重で柔らかく、たいへん上手にすくって食べます。ところが別の職員が付いた日は、Dちゃんは目に落ち着きがなく、すくい方も雑になりがちです。一応すくおうとする気はありますが、こぼすことも多く、こぼしても平気な様子です。職員が声かけするとちょっと慎重になりますが、長続きしません。実習に来ている学生さんが付いたりすると、まるで食事になりません。目は宙をとんでいて、ほとんど皿を見ません。スプーンで皿の中をグルグルとかき回すような塩梅になってしまい、おかずがあちこちにこぼれ散ってしまいます。運よくすくえても、口に持っていくまでにポロリとこぼれてしまいます。学生さんがやさしい声で注意しても、Dちゃんはうわの空です。そこへ職員が行ってちょっと声かけしただけで、Dちゃんの動きがガラリと変わります。ピッとスイッチが入ったようで、よく皿を見、手を慎重に動かし、感心するほど上手におかずをすくい、こぼさずに口に入れていきます。

スプーンの使い方が上手になったというと、多くの人はまず、その子の手の機能が高まったことと結び付けて考えるでしょう。「障害のある子も練習をすれば上達するんだな」と感心する人もいるかもしれません。

そうした受け止め方は決して間違っていませんが、一面的であると言わざるを得ません。いま簡単に紹介したように、「スプーンの使い方が上手になっていく」という比較的単純そうに思われる変化の過程にも、人間関係が深く関与しています。そして、その人間関係は、複雑で多様です。そうした多様な人間関係をはらみながらの育ちに目を向けていくと、「手の機能の向上」というだけの捉え方がいかにも味気ないものに思われてきます。

ところで、この話のなかの、どのDちゃんが本当のDちゃんなのでしょうか。上手にすくうDちゃん、食事にならないDちゃん。Dちゃんの二つの姿は、まるで別人のそれのようです。本当に、どっちが本当のDちゃんなのでしょうか。

当然のことながら、どのDちゃんも本当のDちゃんです。一人の子どもが、目の前の相手に応じて、感心するほどの多様な行動ぶりを示します。子どもたちは、意外とたくさんの引き出しを持っています。

一般的な話をすると、ある技術の習得をし始めた頃は人間関係が色濃く出ます。信頼関係の深い人が相手だと、子どもは上手に手を動かします。技術が安定するにつれ、人間関係の占める割合は小さくなっていきます。このあたりの人間関係の妙が実におもしろいと思います。

教室では、日々ここで紹介したような光景が繰り広げられています。私たちは、子どもの観察眼の鋭さに驚嘆しつつ、子どもと向き合っています。それにしても、子どもの育ちの中身、とりわけその人間関係の、なんと豊かなことかと思います。

大切なのはその子自身と向き合うこと

ひまわり教室の子どもと一緒に活動したり子どものことを考えたりする時に、私は、その子の障害名を意識することはほとんどありません。「〇〇障害のEちゃん」「△△障害のFちゃん」とかではなく、EちゃんやFちゃんと付き合っています。EちゃんやFちゃんと遊び、EちゃんやFちゃんのことを考える、という感じです。

もちろん、障害名を全く無視しているわけではありません。時にはその子の障害特性を念頭においてかかわりの工夫をすることがあります。でも多くの場合、ひまわり教室ではその子の感じ方や動き方の一つひとつについて、障害と結び付けて考えることはしていません。理由は簡単です。同じ障害名がついていても、子どもは一人ひとりがみんなちがうからです。興味の持ち方や感じ方、不満の表し方など、どれをとっても一人ひとりみんなちがいます。苦手なことや嫌いなものなどについても同様で、同じ障害名の子がみんな同じものが苦手で同じものが嫌い、ということはまずありません。

ひまわり教室ではよく、一人ひとりの子どものこれまでを振り返り、今を見つめ、これからについて語り合います。当然のことながら、私たちとその子とのかかわりについても語り合います。なによりも「その子自身」のことをよく理解したいからです。

そんな私にとって近年気になるのが、「発達障害」といわれる子どもたちの問題です。先生たちの研究集会でも、この一〇年余りの間によく「ＡＤＨＤ」や「アスペルガー症候群」といった診断名を見聞きするようになりました。書店の棚にも発達障害関係の本が飛躍的に増えています。なかなかクラスのなかで落ち着けない子のお母さんが、「親の躾や育て方の問題とされて親が辛い思いをした」という話をした時には気の毒に思いましたが、その一方で、現在のようにあまりにも安易に診断名に頼り、障害特性に応じた子どもへの個別的配慮や支援を強調しすぎる傾向には違和感を覚えます。

ある子どもがなんらかの「機能障害」を持っていると思われる時、そのことを心に留めながら、診断名をちょっと横に置いて、目の前のその子自身とかかわっていく。そんな付き合いができたらいいと思います。ところが、子どもの「障害名」にとらわれて、その子の一つひとつの言動を「障害」というフィルターを通してしか理解できない人がいます。そんなことをしていると、付き合い方が硬くなってしまいます。また、フィルターを通す分、偏りができてしまうおそれもあります。そうした硬さや偏りから逃れるためには、目の前のその子自身をよく理解し、その子自身と共に生きる姿勢を身に付けていくことがなにより大事です。

長年先生たちの実践研究の場に出てきて、そうした姿勢で子どもと共に生きている先生の実践報告をいくつも聞くことができました。その先生たちに共通して見られたのは、心の柔かさと子どもに寄り添う姿勢の確かさでした。そのなかから一つ紹介します。

Tさんは私が最も信頼する先生の一人で、そのやさしさと芯の強さに惹かれています。ある年の夏の金沢市同和教育研究協議会主催の、人権・同和教育研究大会で、Tさんは「『ほっといたらダメや』――学校に来られなかった生徒と歩んだ、卒業までの二年間――」と題して、実践報告をしました。

Tさんは当時、金沢市内の中学校で特別支援学級を受け持っていました。そこでTさんは、小学一年の時に「注意欠陥多動性障害及び学習障害」と診断されたY君の担任になりました。彼が中学二年生の時のことです。

Y君は小学校の頃から多くの辛い経験をしていたようです。それでも小学校では普通学級でしたが、中学校では特別支援学級になりました。中学一年の三学期、あるできごとがきっかけとなり、Y君はほとんど学校に行けなくなってしまいました。Tさんは「Yの診断名に囚われることなく、Y自身を見つめて関わっていこう（「　」内は報告書や発言より引用・以下同じ）」と考え、四月に新学期が始まると、Y君の家へ迎えに行ったりして登校を促します。しかしなかなかうまくいきませんでした。

最初の「とにかくYを学校に戻したい」という思いが自分中心のものだったことに気づいたTさんは、Y君にとっていい変容が起こるようにするためには、Y君の思いを知り、Y君自身を大切にするしかない、と考えるようになります。ある日Y君自身の気持ちを大切にしたいと伝えたところ、次の日迎えに行くと、Y君は「予想外に制服を着て出てきた」のでした。それから二人での登校が二か月続きました。

Y君は学校での勉強には抵抗を示し、卓球や人生ゲームなどならする、と言います。Tさんはそんな Y君の思いを尊重して一緒に卓球などで楽しむ時間を大切にする一方で、様子を見ながら少しずつ勉強に誘っていきました。

そんなある日、Y君が、「『ボクはダメダメちゃん、何もする気がないよ～』と小さくつぶやいて、突っ伏してしま」いました。このことがあってから、Tさんは、学校でのことがらに自信も興味もなくしてしまったY君を立ち直らせるためには、自分たちのかかわり方や授業のやり方を考え直す必要があると思い至ります。ここでまた、Tさんのかかわり方の変容が起こったと言えます。

Tさんの工夫などがあり、Y君は勉強に興味を示すようになり、と同時に、他の子どもたちのなかにも入っていけるようになりました。二年生の一学期から二学期にかけてのことです。

二年生の一一月頃、もう一人、学校での生活に多くの困難をかかえながらやっと登校していたA君が、Tさんの誘いかけで特別支援学級へやってくるようになり、Y君とA君はたがいの家へ行き来するほどの仲になっていきました。そしてなんとY君は、なかなか登校できないA君を家まで迎えに行くようになりました。特別支援学級の子らに悪さをするA君に怒りを覚えていたTさんが、「『そんな簡単に迎えにいかんでいい』」と言ったのに対して、Y君は「『あいつは怒られても当然やけど、友だちやから』と言い、次の日にAを連れてきた」のです。このY君の行動に、Tさんは「『本当にすごい』と思ったし、本当にありがたくも思った」のでした。

Tさんの報告を初めて読んだ時、Y君の変容ぶりに深い感動を覚えると同時に、生きていくすぐそばに、理解し受け止めてくれる人が存在することの意味深さをかみしめました。

Y君が三年生になったある日、Tさんが当時のことについてたずねたところ、Y君はおおよそ次のようなことを語ってくれたそうです。

「自分も休んでいたことがあったので、放っとけなかった。このままじゃだめだと思ったから」「T先生が迎えに来てくれて、自分が学校に行けるようになったので、自分が行けばAも来られるようになるかもしれんと思ったから」。

人が人に影響を与えるとは、こういうことを言うのでしょう。

さて、Y君の力を借りてだんだん本来のクラスのなかで過ごせるようになったA君が、今度はY君を自分の友達のなかへ誘うようになります。三年生になり、Y君の交流先がA君のクラスになり、交流時間が増えていったのです。人と人が織り成す関係の綾のなんと素敵なことか。

Tさんと出会ったことをきっかけに自信を取り戻したY君は、学習面でも力を付けていきましたが、とりわけ三年生になってからの学習面での変化は驚異的なものでした。たとえば、算数と数学は中学二年生の四月に、小学二年生の教科書を使って勉強し始める。翌年三月には五年生まで進み、三年生の七月には六年生まで到達。翌二月には中学一年生から三年生までの内容を修了。他の教科についても、Y君はTさんの予想をはるかに超える力を付けたのでした。そしてY君は高校へ進学していきました。

Tさんの実践報告は盛り沢山の内容の詰まったもので、いろんな切り口から考えてみることができますが、ここでは子どもの障害名にとらわれず、目の前のその子自身と向き合い、理解し、付き合っていくことの重要性を雄弁に物語る実践として紹介しました。

近年ますます、障害名を通して子どもを見る傾向が強くなっていて、私はそのことを深く危惧していますが、Tさんの実践は、近年のそうした傾向に一石を投じるものです。

本人の主体性を損なわないかかわりを

ある時、Gちゃんが玄関で大泣きをしていました。目から涙があふれ、顔中グシャグシャでした。他の職員の話では、たぶんコートを自分で脱ぎたかったのに、誰かに脱がされてしまったので怒っているのだろう、とのこと。

「自分で脱ぎたかったの？」とたずねると、Gちゃんはコックリ。「じゃ、自分で脱ごうか」と言ってもう一度コートを着せてあげ、ボタンも全部かけてあげると、Gちゃんはちょっと気持ちが収まったようでした。

Gちゃんは二歳半の女の子で、指の力が弱いこともあり、まだ自力だけでコートのボタンをはずすことができませんでした。でも、その時のGちゃんは「自分でしたい」という気持ちが強かったのでしょう。それが無視され、Gちゃんは大粒の涙をあふれさせたのです。

その時のコートは、ひも状の輪にボタンをはめる形状のものでした。Gちゃんは自分で全てをできるわけではないことをよく知っていました。「少しお手伝いするか？」と聞くと、こっくり。Gちゃんの手の動きの速さなどをイメージしながら、私はGちゃんと一緒にゆっくりとひもを押していき、あと少し押せばひもがボタンからはずれるというところで手を引き、あとはGちゃんにまかせることにしました。その後、Gちゃんはゆっくりとではあるけれど上手にひもを押していき、ボタンをひもからはずしました。二個目も三個目も、ゆっくりしたペースで、二人で共同でボタンをはずしました。全部はずした後ちょっと手伝ってあげると、Gちゃんは自分で両腕を動かし、コートを脱ぎました。コートが床に落ちると、彼女はとても満足そうでした。

Gちゃんはすぐに泣いて訴えてくれたので、こちらは気づきやすかったのですが、こうした訴えのできない子どもの場合、私たちは知らず知らずのうちに本人の主体性を損なうようなことをしているかもしれません。子どもとかかわる大人が子どもの主体性を損なうようなことをしてしまう時、そこに悪意があることはむしろ少ないでしょう。その分、大人は気づきにくい。そこのところが、とてもやっかいです。

ところで一〇年余り前から、障害のある人への「支援」がさかんに言われるようになりました。特別支援教育は二〇〇七年にスタートして、今や全国の学校や教育行政を席巻しています。そこでは、障害児への個別支援計画の策定とそれに基づいた実施と検証が求められています。障害者福祉の面でも、さかんに個別支援が叫ばれています。

そして、保育所や幼稚園から小学校へのつなぎ、小学校から中学校へのつなぎ、学校から福祉事業所などへのつなぎの重要性がよく語られます。関係者はよかれと思って進めているようですが、私にはあまりにも管理的に思われ、「支援による縛り」と言いたいほどです。

以前、障害者福祉施設で当然のように「指導」という言葉が使われていた頃、私は、障害者を指導するつもりで職員が仕事をするのは間違っている、我々の仕事は障害者がその人らしく生きるのを手伝うことだから、「指導」という言い方をやめて「援助」か「支援」という言い方をしていくのがいい、と言っていました。四〇年も前のことで、当時は全く理解してもらえませんでした。ようやく「指導」から「支援」になったのはよかったと思う一方で、今度はあまりにも安易に「支援」という言葉が使われていることに、強い疑問を持っています。

従来の職員中心のかかわりの象徴が、「指導」という言葉でした。〝職員が主で、障害者が従〟という関係を変えて、障害者本人が生きる主体として自分の人生を歩んでいけるような世の中を実現したい。それが私の強い願いでした。その意味では、「指導」から「支援」になり、好ましい変化が起こったと言いたいところです。

ところが「指導」から「支援」という言葉になっても、相変わらず、本人の主体性を損なうようなお節介や上から目線のかかわりが続いています。むしろ、「支援」という一見あたりのよい言葉が使われることで、大事なことがより見えにくくなっています。「指導」から「支援」への転換においてはかかわる人の在り方が問われているのに、肝腎なところにはふれず、言葉だけを変えた感じです。

主体性を損なわれた時、本人がどれほど悲しい思いになるか。そのことをGちゃんが教えてくれています。

大人が変わると子どもが変わる

子どもは試験管の中で純粋培養されるようにして育つわけではありません。この世に生まれ出た瞬間（もっと言えば、お母さんの胎内にいる時）から、子どもはさまざまな人的物的刺激を受け、周りとのやり取りを通じて育っていきます。とりわけ育てる者としての大人から、子どもは大きな影響を受けます。

大人と子どもの人間関係は、機械における入力と出力のような無機的関係ではありません。人と人の間には感情的な色彩を帯びたダイナミックな関係があります。この感情的なダイナミクスこそが、人間関係を他の関係と区別する大きな特徴と言えます。

育てる者としての主体と、育てられる者としての主体。この主体どうしが共鳴し合ったり、ぶつかり合ったり、あるいはすれちがったりしながら、日常を送っていく。これが子育てと子育ちの実際です。

育てる主体としての大人との関係のなかで、「育てられながら」子どもは育っていきます。いかに有能な子どもでも、大人の「育てる」という営みからはずれて、全く一人だけの力で育つことはできません。そうであれば当然、子どもの育ちを考える際に、子どもを育てる者として、大人の在り方やかかわり方を抜きにすることはできません。

子どもの育ちを左右するものは、大きくは国の政策や自治体の子育て・子育ち支援施策から、小さくは家庭における親子の日々の営みにまでわたります。このなかに、私たちのような保育活動も当然含まれます。

子育てにおいて、大人は日々直接に子どもと肌を接し、感情的な行き交いを重ねています。私は実践者の立場から、日々の子どもとのかかわりを何より大事にし、そこに流れているさまざまな思いや感情などを汲み取り、目の前の子をありのままで受け止められる者でありたいと思っています。と同時に、育てる者としての自分にも目を向けられる者でありたいと思っています。このことはここまでに何度も繰り返し書いてきたことです。

生身の人間ですから、いつもいつも子どもといいかかわりができるわけではありません。時にはとんでもない誤解をしてしまったり、否定的な感情を抱いたりもします。そんな負の部分も含みながら子育てはなされていきます。そのなかで、子どもは育っていきます。

私は若い頃から『老子』が好きで、折に触れては読み返してきました。その『老子』のなかに、次のような一節があります。

――知人者智
　　自知者明

人によって訳はさまざまですが、講談社学術文庫の金谷治訳では、「他人のことがよくわかるのは知恵のはたらきであるが、自分で自分のことがよくわかるのは、さらにすぐれた明智である」となっています。

世間一般では、自分の周りの人やものについてよく知る人のことを知恵者だというのに対して、老子は自分自身を知ることがより重要だというわけです。引用文中の「明」は、普通の知を超えた明智、明察という意味で、老子はここで世間一般の常識をひっくり返しています。

私は自分と子どもたちとの関係について振り返る際に、よくこの一節を想起します。ひまわり教室で保育をしていると、時としてある子について、職員がなかなか安心できないことがあります。子どもの様子があまり好ましいものには思われず、我々職員は悩んだり迷ったりして、気持ちが晴れません。

ひまわり教室では、もやもやした霧がかかったような状態が続く時、ミーティングでその子の話を出して、みんなで語り合うことにしています。それぞれから子どもの気になる部分が出されます。どれもこれも「わかるなぁ」「そんなところがあるなぁ」と思わせるものばかりです。

ミーティングでは、子どものことばかりでなく、自分たちのこともよく語り合います。職員から「今でも、あの子の前に行くとちょっと身構えてしまう」とか、「こちらの思いを自信を持って伝えられていない」とかの言葉が出てきます。それを聞いた他の職員からもそれぞれの思いが語られます。

話の矛先を当の子どものことよりも、その子とかかわる自分の心に向けると、自分の至らなさなどが明らかになってくることがよくあります。それは自分の嫌な面を見ることとも言えます。そんな話し合いを一、二時間ほどしていると、どの職員からも「子どもに申し訳ないなぁ」といった感情が、自然と湧いてきます。

大人はつい子どもを対象化して捉えて、自分のものさしで良し悪しを決めたりすることがあります。そんな時、「子どもを見ている自分を見る」という大事なことを忘れてしまいます。

ミーティングでかなりはっきりとした方針を共有できることもあれば、明確なものを得られないまま終わることもありますが、後者の場合でも、子どもの様子に明らかな変化が起こることがあります。もちろん、いつもすぐに変化が見られるわけではありませんが、「よくわからないねぇ」を何週間も言い合っているうちに、少しずつ子どもの様子が変わっていくことがあります。不思議なことです。子どものことが十分にわからなくても、「わかりたい」と思う心があると、大人のなかの何かが変わり、その何かが子どもに伝わるのではないでしょうか。そんなことを思います。

劇的な例では、あくる朝会った時に子どもの様子がまるで変わっていた、ということがあります。ミーティングで何かはっきりした方向性が出たわけでもないのに、です。顔を合わせて一〇分もたっていないのに、子どもの様子が前日とすっかり違うのです。子どもに向かって「ええっ、昨日の話を聞いていたの?」と、思わず言ってしまいます。こうしたことがこれまでに何回もありました。

子どもを育てること（実は変えること）ばかりに心を奪われている状態からちょっと離れ、子どもの気持ちをわかろうとするだけで、大人が子どもに向けるまなざしの色合いがちがったものになるのでしょう。それを子どもは敏感にキャッチしている。ひまわり教室の子どもたちと付き合っていると、こんな風に考えるのがもっとも自然なように思われてきます。

待つのが仕事

ひまわり教室の職員に求められる基本的な力とは何か、と問われたら、私は迷うことなく「待つ力」と答えます。もちろん、「子どもと楽しく遊ぶ」とか、「今すべきことをきちんと子どもに伝える」とか、「適切な介助ができる」とか、子育ての仕事に就いている者に求められる力はたくさんあって、どれも大切なものです。しかし、重要性においてどれも「待つ力」には及びません。

動物が育つには時間が必要ですが、とりわけ人間の場合は多くの時間がかかります。他の動物と異なり未熟な形で誕生する人間の赤ちゃんは、いろんなことができるようになるまでに、ずいぶん時間がかかります。大人は、大切と思うことを伝えつつ見守りながら、子どもの育ちを待つことになります。

人間の子どものなかでも障害のある子の場合、その育ちはさらにゆっくりとしたものになります。そばにいる大人は、障害のない子とかかわる時以上に、待つことを求められます。

年を追うごとに、私たちの社会の生活のテンポが速くなり、どの人もつま先立ちして、せかせかと生きています。深く呼吸することを忘れて、ハッハッハッと浅い息をしながら生きている感じです。そんな世の中ですから、人々は待つことがとても下手になっています。スマホやインターネットの普及がそれに棹をさしています。

そんな世の中を横目で見ながら、ひまわり教室では、一人ひとりの子どもたちの育ちのペースやその子なりのやり方を大切にして、ゆっくり見守りながら、一緒に生きています。子どもたちは、今のそのままの姿でも私たちには十分魅力的で、付き合っていて楽しいので、日々子どもたちとにぎにぎしく遊んでいます。

そんな日々を送りながら、私たちは、何かを待っています。たとえば、不安げな子どもの表情が消えてなくなる日を。たとえば、自分でスプーンを使い出した子がやがて上手にスプーンを使えるようになる日を。たとえば、全身のエネルギーを集中して懸命につかまり立ちしている子が、やがて一人でゆっくりと立っておれる日のくることを。たとえば、やっとのことで「アッ」と返事した子が、余裕を持って「アーイ」と言える日のくることを。たとえば、たとえば……。子どもとかかわっていると、いろんなことが待ち望まれます。

子どもの育ちの芽がちらっと見えた時、その芽がゆっくりと大きくなり、やがてしっかりとした幹となっていくことを私たちは願っています。芽が見えたからといって、上からひもをかけて引っ張っても、芽はいい育ち方をしません。やたら肥料を与えたからといってスクスクと育つわけではありません。

子育てとはいっても、一方的に大人が育てるわけではありません。育ちの主体はあくまでも子ども本人です。「私が子どもを育ててあげるのだ」「私が子どもの障害を軽くしてあげるのだ」などといきおい込んで子どもとかかわると、子どもの主体性を損なってしまいます。子どもの主体性を損なっていいはずがありません。

保育とは子どもがその子らしく育つのを手伝うことです。もちろん、こちらから子どもに伝えることもたくさんありますが、あくまでも保育の基本は子どもの育ちの手伝いです。子どもの育ちにおいては子どもが主人公で、子どもが主体です。子どものする仕事（＝育ち）を手伝うわけですから、大人があまり邪魔をしたり妨げたりしたのでは申し訳ないと思います。

私たちはみんな、自分なりの「生きるかたち」（深く信頼している心理学者・浜田寿美男さんからの借用）を持って生きています。それは、大人であろうと子どもであろうと変わりません。障害の有無も関係ありません。

ひまわり教室の子どもたちもみんな、それぞれの生きるかたちを持って教室へやってきて、それぞれの生きるかたちを持って活動しています。私たち一人ひとりも、自分なりの生きるかたちを持って子どもたちとかかわっています。

目の前の子どもの生きるかたちを的確にキャッチしながらやり取りをしていると、おもしろいことに、その子の育ちの芽・変化の兆しがよく見えるようになっていきます。その芽を摘んでしまわないように、その子なりのやり方を大切にしながら、こちらも自分の主体性を大事にして付き合い、その変容をゆっくり見守り、育ちを待ちます。

子育てのなかで、大人はさまざまな欲望や衝動に取り憑かれます。本人にも気づかぬままにそうした欲望や衝動の虜になっている人がけっこういます。たとえば子どもを思う通りに育てたい、子どもを早く伸ばしたいという衝動を持っている大人はけっこう多く、その人たちは、子どもなりの育ちをゆっくり見守るよりも、子どもを自分の思うように変えにかかります。

たぶんその人たちに欠けているのは、子どもへの信頼です。あるいは、その子どもの主体性を尊重する心です。大人が手をかけてあげないと、この子だけの力では何もいいことが起こらない。そう思い込んでしまうと、子どもの生きる形を無視してでも変えにかかります。悪気はないとしても、子どもを追い込んでしまうことになります。

待つ仕事は一見何もしていないように見えて、実はとても重要なメッセージを子どもに送っています。それは、「そのままのあなたが、大事な子だよ」というメッセージです。大人が余裕を持って待つ仕事をしていると、このメッセージは確実に子どもに伝わります。子どもが大人を見る目の確かさは驚くべきものがあります。「障害が重い」と言われる子どもたちも、大人が舌を巻くくらいの観察力を持っています。

「そのままのあなたが、大事な子だよ」。このメッセージを送られた子は確かな変容を示すようになります。そこからほれぼれする笑いがこぼれ出、大人をタジタジな目に合わせる自己主張がとび出してきます。それがひまわり教室の子どもたちの、キラキラとした魅力となっています。

遊びが仕事

ひまわり教室の特色の一つは、「職員が本気で遊ぶこと、職員が子どもに負けないくらいに夢中で遊ぶこと」でしょう。

ひまわり教室に通う子どもたちの多くは、それが知的障害であれ身体障害であれ、障害の程度が重いため、子どもどうしのかかわりが生まれにくいという面があります。

保育所や幼稚園であれば、周りの子どもたちが障害のある子にいろんな働きかけをするでしょう。でも、ひまわり教室ではそういうかかわりが生まれにくいと言わざるを得ません。

さすがに子どもたちのようにはできないけれど、できる限り子どもどうしの遊びに近い遊び方をしたい。これが私たち職員の思いです。そのためには、大人がまず心を湧き立たせ、心も体も柔らかにして遊びに夢中になることがなによりですが、ところがこれが意外と難しいのです。

特に職員になったばかりの人は、子どもの遊びからずっと遠ざかっていたこともあり、夢中になって遊ぶことができません。照れがあったり見た目を気にしたりして、表情も硬く体もこわばっています。声も上ずった感じで、そんな声では子どもの心に届きません。

そんな新人職員の心をほぐしてくれるのが、他ならぬひまわり教室の子どもたちです。多くの新人職員が、子どもの存在によって救われた、という体験をしています。

コチコチになっていてどう動いていいものか、どう声を出していいものかまるでわからないときに、ある子どもと心が通じたような瞬間を体験することがあります。その子が積極的に何かするわけではないが、そばにいるとふっと笑ってくれたりする。それに大人の方が救われたような気持ちになる。その子の存在を支えにして仕事を続けていくうちに、少しずつ声が出しやすくなったり体が動きやすくなったりする。ひまわり教室の職員でこのような「救われ体験」をしていない人はいない、と言ってもいいでしょう。

そうこうしながら仕事を続けているうちに、新人職員の動きに「子ども性」が見られるようになります。「子ども性」などとあいまいな言い方をしてしまいますが、それによって私が伝えたいのは、自由さや柔らかさ、率直さ、快活さなどを感じさせる在り方であり、動きです。学校へ入るまでの子どもたちの多くが持っているような姿をイメージしているのですが、もちろん実際の子どもたちはみんなそれぞれの生活上の背景を持っていて、みんながみんなこのような姿で生きているわけではないでしょう。ここでは、大ざっぱなイメージとして考えてください。

「子ども性」は、年齢が高くなるにつれ、子どもたちのなかから消えていくように思われます。さまざまな体験を通して、子どもたちは知らず知らずのうちに「子ども性」の醸し出す輝きを失い、しまいにはそんなものが自分の中にあったことを忘れてしまうようになります。それには学校教育の責任が非常に大きいと考えていますが、今はそれにはふれません。

でも、大人になっても「子ども性」が全くなくなったわけではなくて、機会があればそれが芽を出します。ひまわり教室で「子ども性」が表に出てくるようになると、その職員は声が通りやすいものになり、笑い顔が多くなり、動きがダイナミックになります。

誤解をおそれずに言えば、私は、発達理論についてはほとんど知らなくても「子ども性」を開花させ、子どもたちと心から楽しんで遊べるようになれば、とりあえずひまわり教室の職員として合格などと乱暴に考えています（もちろん、合格はゴールではありません。スタートラインに立てた、くらいの感じです）。

そんな風にして「子ども性」を開花させた大人たちが子どもたちと思いっ切り遊ぶ、本気で遊ぶ。それがひまわり教室の保育の要です。

「子ども性」はひまわり教室の職員としての必須条件といえるほど、重要なものですが、さすがにそれだけで障害のある子どもたちの育ちの援助はできません。日々の保育実践とともに、さまざまな学習を通して資質を高めることが求められます。これはこれでたいへんなのですが、ここではふれません。

いくつかの遊びを紹介します。まず、「豆遊び」。直径四〇センチのポリエチレン製のたらい二つ分の豆を出して遊びます。大豆や小豆や金時豆など、いろんな豆が混ざっていて、かなりの量です。スプーンで豆をすくう子もいれば、皿に入れてあげると皿を持ってザーッとあける子もいます。豆のなかに手を入れてかき回す子もいます。こちらが手を持って動かし、豆の感触を楽しめるようにしてあげる子もいます。

そんな遊びのなかで、私たち職員は、歌に合わせていっぱいの豆をパーッと空中に飛ばしたり、室内に作ったスロープの上からザザザーッと流したりと、ダイナミックな遊びをよくします。宙に舞った豆は子どもと大人の頭や体に降りかかります。床に仰向けに寝ている子の顔にまともに当たるとかわいそうなので職員が壁になったりしますが、他の子たちは多少痛くても大丈夫（と思います）。ザザザーッと豆がスロープを流れ落ちる音は相当に大きく、大人でもびっくりするほどです。そんな時、大きな音が苦手な子の耳をふさいであげたり、一緒に部屋を出たりしますが、他の子は大丈夫（と思います）。多少不安そうな子がいれば職員がそばへ行って、「大丈夫、大丈夫」「すごいねぇ、びっくりしたねぇ」などと言ってあげると、子どもは乗り越えていきます。

豆を両手に持って放り投げたり、スロープの上からザザザーッと流したりする時、職員はまるで子どものようです。ワクワク、ウキウキしています。自ずと声も大きくなり、笑いがはじけます。子どもたちもつられるようにして、目の前で起こることに集中します。子どもと大人が一つになって遊ぶ瞬間です。いつもいつもそんな風に楽しめるわけではなく、大人がうまくのれないこともあります。そんな時、遊びはちょっと白けた感じになります。

障害のある子とない子が共に活動する場であれば、見守るのも一つのかかわり方でしょう。ひまわり教室では、それでは遊びが広がりません。ここがひまわり教室の限界でもあります。そこで大人に「子ども性」が強く求められることになります。

ひまわり教室へは障害の重い子が通ってくるのですが、私たちはどんなに障害の重い子も遊びのなかに入れ、その子なりの手や体の動かし方で楽しめるような工夫をしています。遊びの前にあれこれと準備をすることもよくあります。その一つひとつの工夫がこちらにとってはワクワクすることで、「本番」で失敗すれば失敗したで、さらに心が刺激され、また別のやり方を試みることになります。このプロセスそのものが遊びといっていいほどです。一人で考えていて壁にぶつかると、二人三人で「ああだ、こうだ」といろんなアイディアを出し合うことになります。そしてまた，「本番」。こちらのアイディアがヒットすると，職員たちはそれこそ子どものように大喜びします。自分の用意した遊具で子どもがいい顔で遊んでいる姿を見ることが，大人にとってどれほど大きな喜びとなるか，体験した者でないとわからないかも知れません。

遊びのなかには，職員が子どもにしてあげる遊びもあるのですが，この時も，まずもって職員が心をはずませ，ワクワクしていることが大事です。たとえば，子どもをシーツに寝かせ，シーツの両端を職員が持って左右に揺らすのですが，初めての子や揺れを恐がる子の場合は，子どもの表情を見ながらそっと揺らすことになります。場合によっては，もう一人の職員がその子をトントンしたりして，不安や緊張を和らげるようにします。

一方，揺れの大好きな子の場合は，職員の方も腹に力を込めて大きな声で歌いながら，目一杯ダイナミックに揺らします。子どもの入ったシーツが職員の顔の高さくらいまで行くこともしばしばです。周りの職員も大声で歌ったり手拍子を打ったりタンバリンをたたいたりで，まるでお祭りのようになります。こうなると，シーツの中の子も満面の笑みです。

歌が終わって床に降ろされても，子どもはシーツから降りようとしません。そのうち，

「ぼくも」「私も」と他の子どもたちがシーツに乗ってきて、てんやわんやの状態になります。なかには、ゴロゴロと転がって近づいてくる子もいます。

あるいは「大玉揺らし」という遊びでは、直径一メートルほどの大玉に子どもを乗せて、二人の職員で子どもの両手両足を持って、歌に合わせて前後に揺らします。ここでも恐がる子の場合は、細心の注意を払ってかかわりますが、大玉揺らしに慣れてきた子や大好きな子には大きく激しく動かし、こちらの方が息が切れるほどになります。その時の私たちの気持ちのよさがおそらく子どもたちにも伝わっているのでしょう。一人の子が終わると次々と他の子どもたちが大玉に寄ってきます。「待って、待って！」「順番、順番！」ということになります。

こんな具合で、ひまわり教室では何よりも職員たちが子どもと楽しく遊びたくて、それこそ「本気で」遊んでいます。繰り返しになりますが、毎回「気持ちよく遊べた！」と思えるような遊びができるわけではありません。でも、「存分に楽しめた！」と思える遊びの時間を思い描いて努力しているのは確かです。

たまには障害のある子のきょうだいが遊びに来ることがありますが、その子たちも遊びのなかに引き込まれ、汗だくになって動き回り、顔中笑いでいっぱいにしています。ひまわり教室の遊びは、障害のない子をも夢中にさせるようです。

子どもにとって遊びが世界を知る何よりの手立てですから、その遊びを大人が一緒になって楽しんでくれたら、これほどうれしいことはないでしょう。職員たちの楽しい遊びを通して子どもたちはそれぞれのやり方で周りの世界に働きかけていき、着実に力を付けていきます。

子どもと大人が無心で遊び、心から笑い合っていたら、それだけで子どもは育ちの芽を伸ばしていきます。遊ぶ時にその効用や目的などを考えることはひとまず横に置き、とにかく子どもと一緒に体を動かし、手を動かし、何よりも心を動かす。子どもを遊ばせて見守るというよりも、子どもと一緒に遊ぶ。そのことを通して、私たちは、「あなたはとっても大事な子だよ」、「あなたと一緒に過ごせてうれしいよ」というメッセージを子どもたちに送っている。そのメッセージは必ずや子どもの心の栄養となっているにちがいない。それが、ひまわり教室の職員の間で共有されている思いです。

「わからなさ」に耐える力を

子どもの育ちに付き合っていると、前の方にも書いたように、その子の姿をどう捉えていいかよくわからない、ということがけっこうあります。子どもが連日泣き続けているとか、不安そうな表情がずっと続いているとか、昼夜逆転した生活が長く続いているとか。

私たちは一か月半から二か月に一度、「子どものまとめ」ということで、その間の子どもの様子と私たちのかかわりを振り返り、今後の取り組みについて確認する作業をしています。わりと理解しやすい子どもの場合は、話し合いは短時間で済みます。体の動きや手の動き、食事・排泄といった生活習慣など、さまざまな側面について、その子の現在の姿とこれからの目標について、わりと簡単に確認し合うことができます。ところが、なかなか子どものことを理解できない場合、何時間かけて話し込んでもお互いにすっきりしません。

よくわからない時には、とりあえずのかかわり方を確かめ合って、一、二週間取り組んでみることにします。一、二週間やってみて、こちらの気がかりが晴れることもあれば、思うような変化がなかなか見られないこともあります。変化が見られない時はまた話し合い、新たなかかわり方を確かめ合うことになります。

子どもがけっこうわがままをやっているように見える時でも、私はあまりあせりません。やるだけやったらいい、こちらもそれなりに付き合うよ、といった感じです。子どものエネルギーの高まりを感じるので、安心なのです。

逆に、子どもの顔から不安な表情が消えない時や、不安そうに泣くことが続く時などは、こちらの気持ちが落ち着かなくなります。他の職員にしても同様だと思います。

小さな子どもが不安な表情を浮かべながら生活をしなければならないというのは、いかにも辛いことです。なんとかしてその子の表情が晴れるように、と願いながらかかわりますが、場合によっては何か月も思うような変化が見られないことがあります。少しよくなったと思っているとまた逆戻り、といったこともあり、そうした時は心の中に重たいものが居座り続けることになります。

子どもの今の姿を受け止めかねると、つい私たちは「なんでだろ？」と原因探しをしたくなりますが、それをしても確たる理由にたどりつけないこともあります。

子どものことがそう簡単にわかるはずがない。そもそも、なんでもかんでもわかろうとするのはぜいたくな話なのでしょう。結局のところ、全部をわかるなどということはあり得ないと思いつつ、その一方で、できることなら少しでも気持ちの晴れた付き合いをしたいと思う。それでいいのではないかと思います。

子育てばかりでなく、人とかかわるということはわからなさを心に抱いて生きることです。ところが相手のことを信頼できない時、私たちは「わからなさ」に耐えられず、自分が安心したいばっかりに、つい相手を変えにかかることがあります。そんな時、ほとんどの場合、結果は思わしくないものとなります。

こちらがわからなさに耐えられないと、好ましい変化が起こりにくい。他方で「わからなさ」に対して鈍感になっている時も、いい結果が生まれない。つまり大人がその子のことを少しでもよくわかろうとする思いを失ってしまった時や、わからないことに痛みを感じなくなった時、いいものが生まれてこない。そんな気がします。

要は極端にならないということなのでしょうが、何十年もこの仕事をやっていながら、わからなさの前に心穏やかでいるのは相変わらず難しい課題です。

自分を知ることの大切さと難しさ

私は長年、自分を知ることの大切さを口にしてきました。今もよく言います。この本でも、そのことを繰り返し書いています。しかし、自分を知るということで「本当の私を知る」、あるいは「自分探しをする」といったことを言おうとしているわけではありません。かつてそういうブームがあったようですが、誰がどれだけ頑張ってみたところで、「本当の私」を知ることはできないでしょう。

私が言おうとしているのは、もっと実際的で具体的な話です。たとえば、子どもの名前を呼ぶ時、気持ちよく声を出しているかどうか。ある子を呼ぶ時はいい声が出るのにある子の時にはいい声が出ない、といったことはないか。もしあるとしたら、それはなぜなのか。そう問うてみることで、自分の心理状態や自分とその子との関係などについてより自覚的になれたらいいし、それを契機に少しでも自分を変えていけたらいい。それが、私の関心事です。

たとえば、こんな例。子どもが大きな音に驚いて大泣きになっている時に、そばにいた職員（Hさん）が軽い感じで「大丈夫、大丈夫」と言葉をかけている。でも、子どもはいっこうに泣き止む様子がない。そこへ別の職員（Ｉさん）がやってきて、「ああ、怖かったねえ」と声をかけながら抱いてあげる。すると子どもはホッとした表情をし、しばらくして泣き止んだ。なぜＨさんは軽い声かけで済ませてしまったのか、なぜＩさんのようにはしなかったのか。

そのことについて話し合うなかで、Ｈさんは子どもの気持ちを少しでも楽にしてあげたいと思っていた一方で、その子がいつも同じような反応をしてしまうことをあまり受け入れることができないでいることもわかりました。「もうそろそろ、これくらいの音に慣れてもいいんじゃないの」という思いがあり、その子の変わらなさに多少いらついてしまう面があったようです。話し合いをするまで、Ｈさんは、そんな自分の感情にあまり自覚的ではありませんでした。

Ｉさんの方はその子の気持ちをゆっくり受け止めていて、その子の心に寄り添ってあげるようにしている、とのこと。そうしているうちに、ゆっくりとその子が変わっていくだろうという見通しを持っている、とも話しました。

自分のなかの否定的な感情に気づいてＨさんは少し辛そうではありましたが、同時に子どもに申し訳なかったとも言い、その後、子どもの気持ちをゆっくりと受け止めるように努めていきました。その後、Ｈさんとその子の関係は徐々に変わっていきました。

私はこうした、ちょっとしたことが気になります。それで他の職員と個人的に語り合ったり、みんなで語り合ったりすることがよくあります。語り合うなかで、それぞれの気づきが生まれます。気づいたからと言ってすぐ変われるものではありませんが、気づきが変化のための一つの重要な契機となるのは確かです。

また、こういう例もあります。ある研究会で話し合われたことです。一人のお母さんが「障害のあるわが子の事で大きな不安を抱えている」と話したのに対して、それを聞いた学校の先生はその子ができるようになったことをいくつもあげて、「だからお母さん、そんなに心配しないで下さい」と応じたそうです。この先生の応じ方をめぐって、出席者の間で議論になりました。

この日の話し合いでは、最終的に、お母さんの不安を聞いて先生の方が不安になり、自分の不安をなくしたいために「いい話」をしてしまったのかな、ということになりました。つまり、一見お母さんのことを思ってしているような語りかけが、実は先生自身のためのものであったということです。

「相手のため」と思い込んでやった行動が、実は自分が安心したかったり、心の重い荷物から逃げたかったり、という理由によるものだったのです。こういう体験をしている人はけっこういるのではないでしょうか。

こんな例もありました。ひまわり教室で一か月に一回開かれるお母さんたちの学習会でのことです。あるお母さんが「うちのJは三歳になったのに、いつまでもはいはいしかしない。いつか歩くようになるんだろうか」と話したところ、別のお母さんから、「大丈夫！　うちの子も長い間歩けなかったけど、今歩いているよ。Jちゃんもそのうちきっと歩くようになるよ」との一言。

実はJちゃんはかなり重い知的障害と肢体不自由の子で、私の見立てでは大きくなっても自立歩行は困難な子です。「大丈夫」と言ったお母さんも日頃からJちゃんの姿を見ていたので、うすうすそのことはわかっていただろうと思います。でもそのお母さんは、Jちゃんのお母さんの辛い気持ちに寄り添うことができませんでした。自分自身が苦しくなったのでしょう。Jちゃんのお母さんをなぐさめるような言葉は、実は当のお母さんが苦しさから逃れたいがための一言だったのです。

ずいぶん以前のことですが、こんなこともありました。

「うちのKは障害が重くて、なかなか他の子のように育ってくれない。毎日が苦しくてたまらない」、そんな一言があるお母さんから出されました。それを聞いた別のお母さんから、「私はうちの子のために、とっても頑張ったの。おかげでうちの子はけっこう成長してくれたよ。Kちゃんのお母さんももう少し頑張ってみたら」の一言。

この一言は、Kちゃんのお母さんを深く傷つけることになってしまいました。「子どもが育たないのはお母さんの頑張りが足りないから」。この言葉は、障害児を持たない親からよく聞かされるものです。Kちゃんのお母さんは、障害児を持たないお母さんには障害児の親の気持ちはわからないだろう、ということでやり過ごしていました。ところが、同じ障害児の親から「親の頑張りが足りない」と言われてしまい、Kちゃんのお母さんは「親として失格」と言われたような思いになったのでした。

くだんの言葉を口にしたお母さんはKちゃんのお母さんを励ますつもりで、あの一言を言ったのかも知れません。ただそこに、「自分の子どものことをそんなに悪く言うものではない」という、Kちゃんのお母さんに対する批判的な感情が潜んでいました。Kちゃんのお母さんはその感情を敏感にキャッチしたのです。言った本人が気づかない感情に、聞いた相手が気がつくということはよくあることです。

人が人を理解することは、ものすごく難しいことです。私が私の勝手な枠組で理解するのではなく、相手が理解してほしいと思っているように理解する。これは至難のことです。それだけに、人を理解しようとする時、自分がどのような気持ちでいるかについてより自覚的であることが求められます。

日頃の実践のなかで、私たちは、目の前の子どもの表情や仕草などを通して、その子が今どのようなことを感じ、考え、願っているかを的確につかむことを求められています。これができないことには子どもとの信頼関係を築けるはずがありませんし、子どもの育ちの援助もできません。その意味で、子どもを理解することの大切さは、どれだけ強調してもし過ぎることはありません。

と同時に私たちは、子どもを目の前にしている自分自身の心の中で何が起こっているかについても意識を向け、より的確に、その時の自分を理解している必要があります。臨床心理学者の諸富祥彦は『ほんものの傾聴を学ぶ』（誠信書房・二〇一〇年）のなかで、C・ロジャーズの「カウンセリングの三条件」のうちの「一致」について、次のように述べています。

――（一致とは）一言で言うならば、「カウンセラーが、クライアントの話に虚心に耳を傾けながらも、同時に、自分自身の内側にも深く、かつ、ていねいにふれながら、クライアントとともに進んでいく姿勢」のことです。

ロジャーズは一九六一年に来日した折、三条件のうちで「一致」がもっとも重要である、と述べたそうです。深くうなずけます。とはいえ、それがとんでもなく難しいことであることも、長い経験を通して痛感しています。何が難しいかといって、自分を知ることほど難しいことはありませんから。

引き受ける力

ある人が生きていくのを、他人が手伝う。このことは大切なことであると同時に、ものすごく難しいことでもあります。

人はみんな大なり小なり困難をかかえながら生きていて、時としてとても大きな困難にもぶつかるものです。大きな困難に遭うことが少ない人は比較的生きやすいでしょうし、大きな困難にぶつかり生きにくさを感じることの多い人は、苦労の多い人生を歩むことになるでしょう。ただ、人の人生の良し悪しは簡単に決められるものではなく、人の幸不幸も他人が軽々しく云々できるものではありません。人生はそんなに単純にはできていません。

それはそれとして、ある人がとても大きな困難にぶつかり、簡単にトンネルを抜け出せそうにないという局面において、その人とかかわる仕事を引き受けるかどうかが問われることがあります。

近い将来において好ましい結果を得られる見通しが立たないような状況で、あるいは今の現実が極めて厳しいという局面で、その人の存在をしっかり受け止め、共に生きていくことを引き受けることができるかどうかという場合です。

ところで、誰もがあまり苦労なくできることについて、私たちはわざわざ「引き受ける」とは言いません。みんなで楽しくやっているチームのなかで何かの係をすることになった時に、わざわざ「引き受ける」などとは言いません。一方、チーム全体として大きな困難や迷いや揺れなどを感じている時に、直面している難しい仕事を誰が担うかが問題になります。その時に、「私がやります。私が取り組んでみます」と言えるかどうか、そこが問われます。引き受けるとはそうした切迫した局面、困難な局面に直面した際に使われる言葉です。

自分に引き受ける力がないにもかかわらず、気持ちだけで引き受けて本人や家族に迷惑をかけてしまうということもあります。その意味で私たちは、自分の力量や限界についてよく知っていなければならない。かといって、誰もが口を揃えて「私には引き受ける力がありません」と言うのは情けない。目の前で子どもが不安げに大泣きしている時に誰も抱きにいかないようでは、あるいは激しい自傷行為を繰り返す子を目の前にして誰も手をさし出さないようでは、とうてい「保育をしている」とは言えません。

どんな子どもでも受け入れる場として、ひまわり教室のドアを大きく開き続けていくためには、それぞれが努力して引き受け度を上げていくことが求められます。そして、引き受け度を上げるためには自分にある程度の負荷をかけていくことが求められます。

一般的にいって、引き受け度の高い人はその経験の積み重ねによって、より引き受け度が高まります。一方、引き受け度の低い人は、いろんな理由を並べて逃げてしまうので、いつまでたっても引き受け度が高まりません。困難を引き受け苦労を重ね、真剣に考え懸命に動くからこそ、力が身に付きます。「心の筋力」を付けるためには、「心の筋力」に負荷をかける必要があります。

引き受けるということは、責任をとることです。自らに責任を課すことのできる人は、直面する困難に対して積極的になれます。困難を乗り切るうえで、積極的な姿勢は大きな意味を持ちます。ある事柄について責任を持って取り組む時、人は自分の力を最大限に発揮すべく努めます。そして時には予想以上の力を発揮します。責任をとることのできる人は、そのようにして実践のなかでさまざまな力を付けていきます。

引き受ける姿勢が弱いと、ある仕事をするように言われた時、「責任を負わされる」と思ってしまいます。「責任を負わされる」と思う人は、言い訳や愚痴ばかりが増えていきます。言い訳や愚痴を並べながら「心の筋力」を付けていこうとするのは、真夏に雪の降るのを願うようなものです。

子育ては一日一日の積み重ね

宮本輝は私の好きな作家の一人です。その宮本輝の『骸骨ビルの庭』（講談社・二〇〇九年）という、上下二巻の小説がおもしろくてたまらず、つい仕事を休んでしまいたくなるほどでしたが、そこはまだ分別が残っていたので、未練はあっても「えいっ！」と本を閉じて日常に戻っていきました。

『骸骨ビルの庭』のなかに、骸骨ビルと呼ばれる古いビルの住人の一人であるナナちゃんが、主人公に語りかける場面があります。ナナちゃんは、元男性の四三歳の人です。

この小説は、「育つ」「育てる」が一つのテーマとなっていますが、字数の関係で詳しい話はバッサリとカットして、ナナちゃんの言葉を二つだけ引用します。

――私が畑仕事で知ったことは、どんなものでも手間暇をかけていないものはたちまちメッキが剥《は》げるってことと、一日は二十四時間がたたないと一日にならないってことよ。その一日が十回重なって十日になり、十日が十回重なって百日になる。これだけは、どんなことをしても早めることができない。

「ジャックと豆の木」って童話があるけど、一粒の豆を植えて水をやると、たちまち芽が出て、それが見る間に伸びていって、たった一晩で天まで届くほどに育って、なんていうのは、あくまでもファンタジーの世界よ。

——一本の茄子の苗を植えて、それがみずみずしいよく肥えた立派な茄子の実をつけるまでには、多すぎる葉を落としてやったり、伸びつづけてる茎に添え木をして、若い茄子が自分の重さで垂れて、土の上で腐らないようにしてやらなきゃいけない。

それって、毎日毎日、その茄子を見てるからわかるの。


まるで目の前でナナちゃんが私に語りかけているのを聞いているような思いで、私はその言葉の一つひとつを味わいました。

長年私は、子どもの育ちを手助けすることと野菜や花を作ることとの間に、深い共通性を感じてきました。それもあって、ナナちゃんの言葉の一つひとつが、子育ての極意のように思われました。最近では温度や湿度から施肥までを機械的に管理して野菜を作る取り組みがなされているようですが、私はこうした工業化された野菜作りには強い違和感を覚え、子育てがそのような方向に向かっていかないように願っています。

私の孫は双子ですが、生まれた直後からその感じ方や表現の仕方などがまるでちがっていました。いきおい周りの大人は、それぞれの気質などを気にかけながら付き合うことになりました。よそ様から何かをいただいたりした時に「ありがとう」を言うなど、躾に類することについては二人はかなり共通したものを身に付けていきましたが、食べものの好き嫌いや身に付けるものなど個人的な面がより強く出る部分では、二人は驚くほどちがっていました。私たち大人のすることは、それぞれがその子らしく育っていけるように必要な支えをしながら見守ることです。そんな思いで二人の育ちを見てきましたし、今もそれは変わりません。

ひまわり教室の子どもたちとのかかわりも、基本は同じです。一人ひとりの感じ方や表現の仕方を大切にし、その子その子の様子を見守り、育ちを待つ。大人の考える枠に無理にはめ込むのではなく、あくまでも一人ひとりの子どもがその子らしく育つことを願いながら一緒に遊び、必要な介助をし、伝えるべきことを伝え、そして待つ。一人ひとりの子どもがきっとその子らしい花を咲かせることを信じ、願いながら、時間をかけて待つということです。

ナナちゃんの言うように、時間を早めることはできないのです。

心と心をつなげる

池澤夏樹という作家がいます。現代作家の中で、私がもっとも信頼している一人です。その池澤夏樹の著作に、『憲法なんて知らないよ』（集英社文庫・二〇〇五年）という小さな本があります。この小さな本を手に取ると、彼がいかに言葉を大切にしているかが伝わってきます。憲法の条文は難しく、なじめないところがありますが、彼はその憲法の条文をわかりやすいものに訳し直してくれました。一読をおすすめします。

池澤夏樹のある短編の一節を読んでいて、「ああ、これってひまわりの子どもたちと自分たちとのやり取りのことだ」と思いました。

「レシタションのはじまり」（新潮文庫『きみのためのバラ』二〇一〇年所収）で、主人公が追われて山に逃げ込み、崖から落ちて気を失ってしまった後に続く部分。

彼は意識を取り戻し、周囲の気配に少しずつ気づいていきます。人の動きを感じて、そちらを見ようとすると、全身に激痛が走ります。

それに続く文章が、私にひまわり教室のことを想起させました。

――すぐに人が動く気配がして、いくつもの手が彼の身体のあちこちをそっと押さえた。動いてはいけないということなのか。だがその手は彼の動きを押さえるという以上に彼の身体の中に湧《わ》いた痛みを元の無知覚の領域へそっと押し返すような働きをしていて、彼は痛みがすっと遠のくのを感じ、力を抜いてこのままじっとしていればいいのだよという彼らのメッセージをその手の動きの中に聞いた。

彼と人々のやり取りはさらに続きます。

――どの顔も手の動きと呼応して静かにうなずいている。これもまたじっとしていなさい、楽にしていなさいというメッセージであるらしい。
耳元で声がした。手とおなじ感触の柔らかな、男とも女とも知れない静かな声が、何か唱えている。彼に向かって言うのではなく、彼の耳を通じてもっと奥の方にいる誰かに何かを送るような声が聞こえる。それを聞いているうちに全部この人たちに任せればいいのだという思いが寄せてきて、セバスチアーノはまたゆっくりと意識を失った。

主人公を助けてくれたのは彼が会ったこともなく、言葉も全く通じない人々でした。しかし、その人々の手の動きやまなざしや声によって、彼は深い安心感を覚え、全てをゆだねればいいと思えたのです。その後彼は、人々に助けてもらいながら回復していきます。

ひまわり教室の実践において何よりも大切にしているのは、教室に来た子が安心して過ごせることであり、安心感と信頼感をベースに、その子らしく活動し、育っていけるように手助けすることです。

子どもに安心感や安全感を持ってもらうには、言葉以外の非言語的コミュニケーションが極めて重要ですが、右の引用文はまさにそのことを語っています。

およそ人が生きるのを手助けする仕事において、コミュニケーションを不要とするものは一つもありません。そう言い切っていいと思います。保育活動はまさに、子どもが生きて育っていくのを手助けする大切な仕事です。そこにおけるコミュニケーションの重要性は、今更言う必要もないと思います。

『モモ』（岩波少年文庫・大島かおり訳・二〇〇五年）という本があります。ドイツの文学者ミヒャエル・エンデの「メールヘン・ロマン」（エンデによる命名）です。時間に追われ管理化されたなかであくせくと生きる現代人に対して、エンデは、ファンタジックな作品を通して問いかけます。「そんな生き方・暮らし方でいいんですか？」と。作品は子どもから大人まで楽しめるものとなっているので、小さい頃に読んだ人も多いことと思います。

今回紹介するのは、主人公であるモモという女の子と時間どろぼうである灰色の紳士のやり取りの部分。

――この訪問者（徳田注・灰色の紳士）の話すことを聞いていればいるほど、さっき人形（徳田注・灰色の紳士が持ってきた人形）と遊んだときのようになってくるからです。つまり、話す声は聞こえるし、ことばは聞こえるのですが、話す人の心は聞こえてこないのです。

モモは人の話に耳を傾けて聞く子で、モモに話を聞いてもらうことで、人々は自分の気持ちの整理をしたり、それまで気づかなかったことに気づいたりしていきました。そのモモに灰色の紳士が近づき、あれこれと話しかけていきます。しかし、モモには灰色の紳士の話す声は聞こえるし言葉は聞こえるけれども、心は聞こえてこない。人と人のコミュニケーションのチャンネルには言葉の意味内容以外に、語り口や声の大きさや間の取り方、顔の表情、ジェスチャー、姿勢など、さまざまなものがあります。言葉の意味内容はバーバル（言語的）なコミュニケーションチャンネルであり、それ以外はノンバーバル（非言語的）なコミュニケーションチャンネルですが、さまざまなコミュニケーションチャンネルのなかで、心を伝える点においては言葉が最も信頼度が低いと言われています。

ひまわりの子どもたちは本当に有難い存在で、言葉の嘘っぽさを、実に的確に見抜きます。「どこにそんな力を秘めているの？」と言いたくなるほどで、ひまわり教室の子どもたちの感受性には心を打たれます。上辺だけのやさしい言葉は、ひまわりの子どもたちの前には無力です。全く、子どもの心に届きません。子どもたちは声高に批判するようなことはしませんが、上辺だけの言葉を発する人には心のドアを開きません。

保育者として私が深く心に刻んできたことは、何よりもまず、心と心をつなげること。子どもと心をつなげるためには、できる限り自分の心とかけ離れた言葉を喋らないこと。できる限り素直であること。心と表情と言葉が一致したコミュニケーションを通して、子どもの心と私の心が共振し合えるように、嘘のない付き合いを重ねることなどです。

それがどこまでやれたかは別として、私は右のようなことを心掛けてきましたし、今もそれは変わりません。それこそが目の前の子どもを一人の人間として尊重し、大切にすることであり、また子どもたちにとってわかりやすいはずだ、との思いが私にはあります。

影響を受けるということ――「心のドア」の話

ある年の夏、私は、人から影響を受けるということに関して、あれこれと思いを巡らせる経験をしました。それは強い驚きを伴うもので、久しぶりに心が躍るほどの経験をしました。自分という人間の成り立ちについて思いを巡らせ、遊んでみることもできました。

ある会の勉強会用にレジュメを作る必要があって、昔作ったカードを引っ張り出してきました。若い頃はよく、カードを横に置いて本を読み、気に入った文章に出会うとカードに書き込んでいたのですが、長年それらのカードはずっと押し入れのなかでした。

カードの文章の一つひとつを読んでいると、数十年という年月が全くなかったかのような錯覚を覚えました。昨日書いた文章を今日読み返している、という感じだったのです。長い年月の間に紙はずいぶんと黄ばんでいましたが、そこに書かれている文章は今も新鮮で、それらの短文の一つひとつが、私の心に心地よくしみ込んできました。

カードの文章の一つに、次のようなものがありました。

――そして私の側からいえば、彼女（徳田注：この本の主人公の男の子の母親）の私的な秘密の世界は彼女だけのものであって、その扉を開くにしろ、一部を私に分かち与えるにしろ、それを決めるのは彼女自身に他ならないのだ、ということを、彼女に態度と理念で、できるだけ効果的に伝えるのが義務だろう。（中略）私は決して心理的に彼女に深入りしたり、彼女が自ら自分の能力を信頼して、内面の世界を他人に分かち合おうとしてしゃべる以外のことをひきだそうとしてはならないだろう。また、もし彼女が扉を開くまいと決めたならば、もちろん私は意図的なさぐりを入れて、無理にこじ開けることはもとより、ノックすることさえも考えてはならない。

バージニア・M・アクスライン『開かれた小さな扉』
（日本リーダーズダイジェスト社・岡本浜江訳・一九七二年）

これは、一九七六年に、カード二枚にわたって書かれていたもの。久しぶりにこのカードの文章を目にした時、電撃が走りました。

長年にわたり私は、機会あるごとに「心のドア」の話をしてきました。それは、こんな風です。心のドアのノブは内側にしか付いていなくて、外側から開けることはできない。心のドアを開けるかどうかは、本人にまかされている。私たちは外から人の心のドアを蹴破るようなことをしてはならない。私たちにできるのは、目の前の人が自分の手でドアを開けてくれるのを待つことだ。ドアを開けてもらうためには、相手の人に「この人にはドアを開けても大丈夫だ」と思ってもらうほかない。

ひまわり教室に通ってくる子どもたちには、肩書も学歴も経験年数も全く通用しません。「私はひまわり教室の元代表だよ。だから心を開きなさい」と言っても、子どもたちは見向きもしないでしょう。私の経験年数が長いからといって子どもが心のドアを開けてくれたら、こんな楽なことはありません。でもそんな飾り物は、子どもたちの前では塵ほどの意味もないのです。

ひまわり教室という見知らぬところへ放り込まれ、全く知らない大人や子どもたちに囲まれて不安でたまらず泣き続ける子もいれば、教室へ来るまでの数年間で大人への強い恐怖心を持つようになった子もいました。なかなか人間関係を育てられないままに教室に通い始めたという子もたくさんいました。そうした子どもたちには特に、飾り物は無力でした。

ひまわり教室に通い出して間もなくから良好な人間関係を作ることのできる子は少なく、ほとんどの子は不安な日々を過ごすことになります。

なかなか目を合わせてくれない子の目の前へ行って、大きな声で「こんにちは！」とあいさつすれば、さらに顔をそむけられるだけです。大人に手をさわられることを極端に怖がっている子の手を無神経にさわったりすれば、子どもはギュッと体をこわばらせたり大泣きしたりします。泣いているから、と抱いてあげるとかえって大声で泣かれてしまった、ということもあります。

子どもが少しでも安心して過ごせるように、私たちはていねいなかかわりを心掛けることになります。日頃は「ええっ、そんなことして大丈夫⁉」と言われるほどの激しさや荒々しさで子どもたちと遊んでいる職員たちですが、不安そうな子や恐怖心の強い子に対しては、人が変わったように、柔らかに包み込むようなかかわり方をします。そうしながら子どもが心を開いてくれるのを待ちます。子どもによっては、一人の職員が付きっ切りで相手をします。二週間でも三週間でも、あるいは一か月でも。かなり前ですが、半年以上ほとんど一人の職員が相手をすることもありました。

抱いて歩いたり、歌を歌ったり、軽く揺らしたり、好きなオモチャで遊んだりと、その子の過ごせそうなやり方を探りながら付き合っていくと、有難いことにどの子も少しずつ表情が穏やかになり、合わなかった目が合うようになったりします。はっきりとわかる変化もあれば、ほんの微かな兆しから始まることもあります。子どもの変化に応じて、こちらも変わっていきます。声のかけ方や揺らし方や他の子との距離の取り方などを変えてみたり、他の職員と代わってみたりといった具合です。

最初は硬く閉ざされていた子どもの心のドア。それが私たちとのかかわりを通して、少しずつ開かれていきます。子どもによってドアの開き方はさまざまですし、ドアを開けるまでにかかる時間もそれぞれ異なりますが、全ての子どもに共通しているのが、「ドアを開けるのは子ども自身」ということです。

私は長年の子どもたちとのかかわりを通して、心と心を通じ合わせることに、とても大きなウェイトを置いてきました。極端な言い方と思われるかもしれませんが、「心と心が通い合っていれば、目に見えた変化（育ち）が見えなくても大丈夫！」と考えているほどです。それほどに、コミュニケーションが深まる（＝心と心がつながる）ことを大切にしてきましたし、実際、よりよいコミュニケーションがよりよい育ちにつながることを繰り返し見てきました。これは、ほとんど例外がないと言ってもいいほどです。

子どもの様子に応じて、私は自分の声・表情・身振り手振り・遊び方など、使えるものは何でも使って、子どもと心を通い合わせるための工夫をします。とにかくやれそうなことはなんでもやる、という感じです。簡単に心のドアを開けてもらえない時でも、「○○ちゃんのこと好きだよ」、「△△ちゃん、ここは安心していいところだよ」などと気持ちを乗せながら声をかけたり、そばにいたりします。前のめりにならず、気長に、ゆったりと。あわてない、あせらない、あきらめない。それが私のやり方です。

なかなか心のドアを開けてくれなかった子どもがドアを開けてくれた時のこちらの喜びを、どう表現したらよいかよくわかりません。私という人間を受け入れてもらえた喜び、あるいは何か硬い塊が溶けたような感じ、大きな壁を越えたような安堵感と解放感……。そうした体験がいくつもいくつもあったからこそ、私はここまで子どもたちと共に生きてくることができたと言っていいくらいです。

右のような個人的体験もあって、私はかなり前から、子どもの心のドアはむりやり開けさせたり勝手にこじ開けたりするものではない、と確信しています。繰り返しになりますが、子どもの心のドアのノブは内側にしかついていません。心のドアを開けるかどうかは、子どもにまかされています。私のできることは、「この人にならドアを開けてもいい」と思ってもらえるようなメッセージを送り続けること。

そんな思いで生きていたので、心のドアのノブの話は、私の深い実感に基づいてのものでした。それはそうなのですが、でもやっぱり、アクスラインの言葉の再発見には仰天です。

私は「心のドア」の話が自分のオリジナルだとは、露ほども思っていませんでしたが、まさかここまでそっくりな文章に遠い昔に出会っていたとは。思いも掛けないことでした。

すっかり忘れてしまっているような文章から、深い影響を受けていた。この発見は私には新鮮で、目が覚める思いでした。

ついでにふれておくと、レジュメを作っている頃、たまたま私はひまわり教室の事務室の大掃除を担当しました。私が事務室を担当するのは極めて稀なことです。その時、本棚も整理しようと思い、片っ端から本を出し入れし並べ直しました。するとなんということでしょう、隅にある本棚のその一番下に、ほこりをかぶった『開かれた小さな扉』があったのです。「待っていたよ」と言われたように思い、一気に読み直しました。読みながらぶるぶる心が震えました。自分の原点が、ここにありました。

内側からの理解と外側からの理解

他人を理解しようとする時、多くの場合、私たちはその人の外に表れた行動を基にします。笑顔で軽やかに動いていれば「ああ、楽しいんだな」と思い、目をむいて荒々しい声をはり上げている人を見れば「怒っているのだな」と思います。外に表れる表情やちょっとした仕草、振る舞い、あるいは姿勢を見て、その人のその時の気持ちや性格傾向を判断するのは、長年培ってきた経験知がものを言っているのでしょう。その確かさの程は別として、私たちは、外に表れた他人の言動から、その人の心を推し測ることができると思っています。それはそれで大切なことで、他人の表情や行動からその人の心理状態を推測することができなかったら、私たちは周りの人といい人間関係を育てていくことができません。

人が他人の表情を見てその人の感情を理解する能力は、人類の数百万年の歴史を通して遺伝的に受け継がれてきたもののようです。生まれたばかりの赤ちゃんは歩くこともしゃべることもできませんが、その小さな体の中に将来歩いたりしゃべったりすることのできる可能性を備えています。それと同じように、赤ちゃんは、生まれながらに他人の表情からその人の感情を読み取ることができる力を備えてこの世に生まれてきます。それで、世界のあちこちの地域の、さまざまな人種や民族の人が、別の人種や民族の人の表情の写真などから、その人の感情をかなりの割合で言い当てることができます。そんな不思議な力を持って、私たちはこの世に生まれてきたのです。

ところで私たちは、他人の外側に表れた言動を見る際、あれこれと評価しながらながめる癖を身に付けてしまっています。一つひとつの動作がせかせかしていて、ちょっとの待ち時間の間にも何回もケータイや時計で時刻を確かめる人を目の前にすると、「この人はけっこうせっかちだな」と判断します。あるいは、レストランやカフェなどで食べ物や飲み物を選ぶ時、いつも「うーん、どれにしようかなあ」などと迷ってしまう人を見ると、「この人はいつも決めるのに時間がかかるな、優柔不断だな。そう言えばミーティングなどでも、自分の意見をはっきり言うことが苦手なようだな」などと思ったりします。

こうした他人の言動を見て、知らず知らずのうちに、「あのせっかちな性格にはついていけないな。あの人、ちょっと苦手だな」とか、「あの人はいつも自分で決められないんだ。あの人といるとイライラしてしまうよ」とか、自分の感情を織り混ぜて評価的な見方をしています。

私たちの日常的な人間付き合いの大半は、この評価的な目を通してなされます。そうした日常のやりとりのなかで、好き嫌いや苦手意識や感嘆や蔑みといったさまざまな感情が渦巻き、時には深刻な対立が生まれます。いじめなどにつながることもあれば、根強い偏見や差別心にまでつながっていくこともあります。

他人を評価的な目で見る時、人は自分の視点や自分の感じ方（内的照準枠）を正しいものと思い込んでいて、それの是非について振り返ることすらしません。それはそうです。「正しい」のですから。

でも、本当に目の前の人のことをよく理解したい、暖かく理解したいと願うのであれば、外側からの評価的理解はいったん横に置いた方がいいのです。

人を外側から理解するのとは対照的に、内側から理解する仕方があります。共感的理解がそれです。

生身の人間と直にかかわって、目の前の人がいま何を感じ、何を思っているのかを理解しようとした時、こちらの心をできるだけ柔らかにし、自分の感情が目の前の人の感情に沿って動くようにして、相手の表情や身振り手振りなどにも心を向けながら、その人の言動を見聞きすることが極めて重要です。それは、相手が大人であろうと子どもであろうと変わりません。女性であろうと男性であろうと変わりませんし、障害の有無も問いません。生きている人と直にかかわり、その人のことを大切にし、よく理解しようと思えば、右のような見方・聴き方は不可欠のもの、と言っていいと思います。

共感的理解について、『ロジャーズが語る自己実現の道』（岩崎学術出版社・諸富祥彦他訳・二〇〇五年）のなかで、C・R・ロジャーズは次のように述べています。

――第三の条件は、私たちが共感的理解（empathic understanding）と呼んでいるものである。クライアントがその瞬間に体験している感情や個人的な意味をセラピストが感じ取っているとき、その感情や個人的意味がクライアントにとってどのようなものであるかをセラピストがその「内側」から受け取ることができるとき、そしてセラピストが理解したことをクライアントに十分に伝えることができるとき、この第三の条件が満たされることになる。

ロジャーズは、「こうした種類の理解が生じるのはきわめて稀なことではないだろうか」としたうえで、次のように述べています。

――誰かが私のことを分析しようとか判断しようとか思わずに、私がどのように感じているのかを理解してくれるときに、私はその環境の中で発達し成長できるのである。

私は本格的にロジャーズ派のカウンセリングの研修を受けたことはなく、なまくらな歩み方しかしてこなかったのですが、それでもロジャーズの文章は折々に読み返し、自分の実践を振り返る基点とし、またその一つひとつの言葉を導きの糸としてきました。もう少しロジャーズの言葉を引用していきます。

――他の人を本当に理解しようとすれば、その理解によって自分自身が変わってしまうかもしれないのです。私たちはみな変化を恐れています。そのため、自らに他者を理解することを許し、相手の内側の視点に徹底的かつ完全に、また共感的に入り込むことは容易ではありませんし、そのようなことはごくまれにしか起こりません。

――一人ひとりの人間は、非常に現実的な意味で自分という一つの島です。そして、何よりもまず、自ら自分が自分であろうとし、そうあることを許されて初めて、他の島との間に橋をかけられるようになるのです。したがって、私がある人を受容することができるなら、とりわけその人のリアルで重要な部分である感情や態度や信念を受け容れることができるなら、その人が一人の〝ひと〟になること（to become a person）を援助していることになります。このことは私にはきわめて重要なことであるように思えます。

右に引用した文章は数年前に読んだものですが、長年同様の文章を繰り返し読んでくるなかで、ロジャーズの言葉は私の心に深くしみ込んでいきました。そしていつの間にか私は、述べられていることの多くが自分にとって実現困難なことであることを承知のうえで、ロジャーズの考え方を自分の生き方や実践の指針とするようになっていました。

障害のある子は多くの場合、「わけのわからないことをする子だ」「手のかかる子だ」「集団活動からはみ出て困る」などと、マイナスの目で見られてしまいます。その子がある行動をする（あるいはしない）のには、必ずその子なりの理由（思いや感情など）があるはずなのに、周りの人間はその子を内側から理解することはせず、子どもを対象化し、多くはマイナス評価をしてしまいます。これは、保育所でも、学校でも、家庭でも、事情は大きく変わりません。これでは障害のある子が生きにくくなります。障害のある子が不幸なのは本人に機能障害があるからではなく、理解されずに生きなければならないからです。このことに、世の中の多くの人は気づいていません。障害のある子を不幸にしているのは自分たちなのに、「障害児の不幸の原因は、その子自身のなかにある」と思い込んでいます。

一人ひとりの子どもをその内側から理解してかかわりたい。そうすることで子どもに安心感と安全感、解放感を感じてもらおう。そのなかでこそ、どの子も自分らしさを出せるようになる。その子らしい泣き方をし、その子らしい笑い方をし、その子らしい動き方をするようになる。そのように一人ひとりが自分らしく生きることができ、育っていけるように手助けすることこそ、私たち保育にかかわる者の仕事である。

そんな思いで私は子どもたちとかかわり、一緒に生きてきました。いつもいつもその思い通りにできたわけではないのですが、他の職員たちと右の思いを確かめ合いながら歩むように努めてきたのは確かです。

今もって不十分な実践しかできていないのですが、そんななかにおいても共感的理解の重要性を深く実感することがしばしばあります。

弱さは一人ひとりのなかにある

大人になっていく過程で子どもは、いろんなもののちがいがわかるようになっていきます。そのことを通して、小さな頃には漠然としていた世界が、次第にくっきりしていきます。

ひまわり教室に通う子のなかに時々、お母さんと別れても平気な子がいます。そんな時、お母さんはさみしそうです。

その子が、しばらく教室に通うなかで、お母さんを求めるようになります。家ではあまりにもピッタリと寄り添ってもらっていたので、お母さんの存在をことさらに意識することがなかったのでしょう。私たちが空気のことをことさら意識しないで生きているのと、事情は似ているかもしれません。他人のなかへ入ることを通して、子どもは、お母さんを「発見」していくとも言えます。他の大人たちと明確にちがう、私の大事なお母さん。

ひまわり教室では、遊びのなかで子どもたちがいろんなもののちがいをわかっていけるように、遊具などの工夫をしています。図のようなはめ板を作って遊んだりもしてい

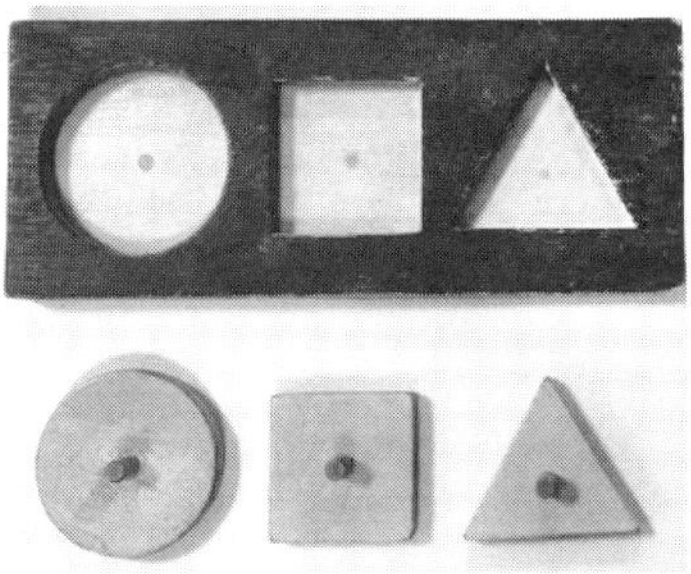

ます。たとえば二つの板の大きさの弁別。大きな円盤を大きい穴へ、小さな円盤を小さい穴に入れられたら正解です。「おもしろい」と思った子は何回も失敗を重ねながら、そのたびにまたやり直し（職員も必要な手伝いをします）、円盤の大きさと穴の大きさの関係を理解し、正解していくようになります。大中小の弁別や形や色の弁別課題にも挑戦します。ちがいをわかった子は、こうした課題に強い興味を示し、楽しそうに何度も繰り返して遊びます。

分けることは、わかることです。分けることを通して、子どもはもののちがいを理解し、世界をより細かく、はっきりと捉えるようになっていきます。子どもから大人になっていくことは、「ちがいがわかる人になっていくこと」とも言えます。

ちがいがわかることで、子どもの世界が色彩豊かなものになっていきます。大人になれば周りの世界はさらに彩り豊かになり、複雑さも増していきます。そして、それはとても大事なことなのですが、一方でものとものちがいや人と人のちがいをはっきりさせてしまうことが必ずしも好ましいとは言えない、と思うことがあります。

その一つの例が、「強い人」と「弱い人」という分け方。

今の社会はますます「競争」が激化していて、優勝劣敗が当然視されるようになっています。企業間の競争はある程度必要かもしれませんが、私たちの国では教育の領域にまで競争主義が入り込んでいます。大学も例外でなくなっていて、あちこちでセールス活動が盛んになっています。親も子も、否応なしにその渦に巻き込まれています。

年ごとに強まる管理と効率主義・競争主義的風潮のなかで多くの人が疲弊し、窒息しそうになっています。酸欠状態の金魚のように、アップアップしながら日々を送っています。そのなかで、何年にもわたって、自ら命を絶つ人が三万人を超える事態が続いていました。現在は少し少なくなったものの、依然としてこの問題は、わが国の影の部分を映し出しています。

その一方で、最近とみに「共生」という言葉が使われるようになっています。かつてはどれだけ訴えてもいっこうに振り向いてもらえなかった、それどころか強く警戒されてしまった「共生」という言葉が、今では日本全国のあちこちで当たり前のように使われています。あまりのギャップに、喜びよりもとまどいを覚えてしまうほどです。

競争と共生。どう考えても、この二つの言葉は親和的ではありません。優勝劣敗という図式をそのままにしての共生は、どうひっくり返しても生まれてきません。強い人が弱い人に手をさしのべたりすることで共生の社会が実現する、と考えている人がいたとしたら、その人はとんだ考えちがいをしているのだと思います。ところが、この考えちがいが一部の人ではなく、けっこう多くの人たちのなかで起こっているようで、とても気になります。

たとえば、障害のある人はよく「弱い人」とみなされます。障害のある人の生活を支える活動をしている人のなかにも、障害のある人を弱い人、つまり自分だけの力で動いたり考えたり選んだりすることができない人と見なして、強い人（この場合、「できる人」というニュアンスも含んでいる）である自分がその人たちの活動を支援してあげるのだ、と思い込んでいる人がいます。

でも本当は、世の中に「強い人」と「弱い人」という、固定化された二種類の人間がいるわけではありません。一人の人間のなかに、強さと弱さが同居している。それが実際の姿です。「自分は強い」と思い込んでいる人のなかにも、必ず弱さはあります。自分のなかの弱さを見ることを避けて生きている人は、その立居振る舞いのなかに強がりが見え隠れし、人とつながることに憶病になったりします。実はこのこと自体、弱さの現れと言えます。

今は弱さと無縁と思われる人も、年齢を重ねれば必ずわが身のうちに弱さを抱えることになります。死ぬまで強い人などいないでしょう。

自分の弱さの自覚を通してこそ、人と人は深くわかり合い、つながり合い、支え合っていけるものです。また、自分の弱さに自覚的になった時、それまで「弱い人」だと思い込んでいた人たちのなかにある輝きや魅力や強さなどに気づくことができ、実はその人に自分が支えられ励まされていることにも気づくことができます。そこにこそ、共生の基盤があります。たとえば、ひまわり教室の子どもたちは、私たち大人をたじたじにしてしまうほどの強さを持って生きています。直に見てもらわないことには信じてもらえないかもしれませんが、子どもたちはとんでもなく強く、たくましいのです。そして、とってもやさしいのです。そのやさしさに、私はどれだけ救われてきたことか。

子どもにとっては、ちがいをわかっていくことが育ちの重要な中身の一つですが、大人にとっては、人と人を強弱や善悪で分けてしまうような硬い構えを弱めていくことが、人として育っていくうえでの、あるいは成熟していくうえでの重要な部分と言えます。

自分の感性を働かせて

十数年前のことになりますが、ある施設の職員に聞いた話です。

――これまで施設では、障害のある人たちにあれこれと、指導的なことを言ってきた。時には強い調子で迫ることもあった。ところが最近、「指導はだめだ。支援を心掛けるように」と言われるようになった。施設全体がそういう雰囲気になったところ、障害者たちがわがままになった。ほんとうにこれでいいのか、自分は今、自信を失っている。

聞いていて、たいへん興味深く思われました。「指導から支援へ」と言われ出した頃、こうしたことがあちこちの施設で起こっていたのではないかと思います。

その人の話では、食事の時間に自分の食べたくないものを残す人が増えてきた、とのこと。以前なら職員は「全部食べるように」と指導し、そうすれば本人は全部食べたのに、最近ではそのまま終わりにしている。そうした光景を見て、彼自身は疑問を感じているが、「指導はだめだ」と言われると何も言えなくなる、とのことでした。

私は以前から、知的障害者施設での職員の在り方に疑問を抱いていました。そこではなにかにつけ、「指導」や「訓練」という言葉が使われていました。別に悪意があってそうしているわけではなく、またそれほど深く考えることもなくやっている感じでしたが、私には強い違和感がありました。

散歩と言えばいいところを、「歩行訓練」。買い物とかショッピングと言えばいいところを、「買い物指導」。「食事指導」、「入浴指導」などということも言われていました。「余暇指導」というものまでありました。

当時施設の職員のなかに、知的障害のある人は職員が指導しないとちゃんとした活動はできない、という思い込みがあったように思います。「ちゃんとした活動」という基準があって、それに照らして知的障害のある人の言動を見る傾向が強かった。そして、その基準からはずれる言動はことごとく指導の対象となる。そんな日常でした。

これまで知的障害のある人たちに対する多くの見方は、「マイナスな存在」「無力な存在」「保護が必要な存在」というものでした。こうした見方が、知的障害のある人が自分らしく生きることを妨げてきました。そのことについて、私たち周りの人間は、自分の人間観も含めて根源的な問い直しをし、総括しておく必要があります。自分たちの在り方を問い直し、新しい人間観を身に付けなければならない。新しい人間観に基づいて、一人ひとりの知的障害のある人がその人らしく生きていけるための援助や支援をしていけるように、自分を変えていくことが周りの人間の喫緊の課題です。

周りの人間が知的障害のある人を「指導の対象」や「保護の対象」と見なさず、「生きる主体」として受け止め、共に生きる態度を育てていくようになれば、知的障害のある人たちの生活はまるで違うものになっていくはずです。本人の自己像が大きく変わることも期待されます。

このことは早急になされなければなりません。

そのことを十分に踏まえたうえで、目の前の障害者や障害児の言動について、「だめなことはだめ」「すべきことはしようね」と言える関係でありたい。

ひまわり教室では子どもを「指導」や「訓練」の対象と考えていません。子どもは育つ主体であり、その子の人生の主人公です。私たちは目の前の子を一人の子どもとして受け止め、その子がその子らしい花を咲かせる手助けをします。障害が重くなればなるだけ、こちらが介助することが多くなりますが、どの介助においても、その子の感情を大切にしながらのかかわりを心掛けています。ちょっとした手の動かし方や声のかけ方などによって、私たちがその子のことを尊重していることが伝わります。

ていねいで暖かなかかわりが、子どもの自尊感情をはぐくむうえで大きな力となる。これが私たちの一つの小さな仮説です。ひまわり教室での実践を振り返る限りでは、この仮説はかなり妥当性が高いように思われます。

子どもを一人のかけがえのない存在として受け止め、その子の育ちの援助をする。これが私たちの実践のベースですが、そのことは決して子どものすることをなんでも認めることを意味するわけではありません。遊びの場面では一人ひとりの楽しみ方を尊重したかかわりをする私たちですが、絵本の読み聞かせの場面では子どもたちに落ち着いて聞いてほしいと思います。また、自分でパンツをはくことができるはずなのに少しもやろうとしない子に対しては、かなり粘り強く自分ではくように働きかけます。食事中に立とうとする子がいれば、いろんな手だてを用いて立たないように伝えていきます。

子どもの育ちの過程において、必ずと言っていいほど、「育つ主体」と「育てる主体」の間に矛盾が生じます。そこで、さまざまなぶつかりや「相談」などを通じて、折り合いをつける努力が重ねられることになります。ひまわり教室では毎日のように、誰かと誰かがすったもんだを展開しています。ちっちゃな子どもが大きな大人を相手に一歩も引かない、という姿は、ひまわり教室ではごくありふれた光景で、それがひまわり教室の保育を厚みのあるものにしている、と言っても過言ではありません。

「これからは支援だから」といって、障害のある人のすることはなんでも認めるというのは極端すぎます。こうした極端な変わり方は危険です。自分の主体性を放棄して、周りから言われるままに浅いところで動いていると、人の動き方は極端な形になりがちです。大切なのは、私たち一人ひとりが自分の心と体を働かせて、障害者や障害児との好ましいかかわり方を見つけるように努めることです。浅いところでわかったつもりにならず、また流れに身をまかせず、自分の感受性を精一杯働かせて行動したり考えたりしながら自前のものを見いだす努力をしていく。そこから本物のかかわりが生まれてきます。当然のことながら、偽物のかかわりからはいい実りはもたらされません。

この子らは「普通の子」だ

ひまわり教室では、子どもとの活動や子どもの育ちの様子などを書いたり語ったりする時に、なるべく普段使う言葉、生活の言葉を使うようにしています。柔らかなニュアンスが伝わればいいという思いや、教室に通う子どもたちが「特殊な子」ではないことを伝えたいという思いがあってのことです。

数年前にあるところでひまわり教室の保育のビデオを見てもらったところ、何人もの人が異口同音に、障害児の施設なのに普通の保育園と同じような様子で驚いた、という感想を返してきました。実はこうした感想を聞いたり読んだりするのは、それが初めてではありませんでした。

こうした感想を見聞きするたびに、周りの人々は障害児のことをよほど「特殊な子」として見ているのだな、と思ってしまいます。「特殊な子」には「特殊な保育」「特殊なかかわり」が必要だと、人々はなんとなくそのように考えているらしいのです。その時の「特殊な保育」とは、たとえば特別な器具を使っての歩行訓練とか、個別の部屋での手指の機能訓練とかになるのでしょうか。というか、そもそもそれほど細かなことを考えているわけではなく、ともかく「普通の子とはちがう」という思いを持っているだけなのかもしれません。

教室のビデオでは、歩けない子も歩ける子も一緒になって体育遊びをしていて、しかもそれが相当に荒っぽいのです。たとえば、箱車に乗ってスロープをすべり降りる遊びがあります。自分で座れる子は箱車の中に座って、倒れないように車のへりにつかまっています。自分で座れない子の場合は座ぶとんの上にあお向けになるような格好で箱車に乗ります。こうして、高さ一・五メートル、長さ五メートルくらいのスロープをすべり降ります。またボールプールの遊びでは、直径二メートルほどの小さなプールに職員と子どもたちが入っているところへ、直径六、七センチほどのプラスチックのボールを高いところから勢いよく降り注ぎます。その数、数百個。いくつもの大きな袋から注ぎ込まれるボールで、たちまちのうちに子どもたちは埋められてしまいます。顔を出しているのがやっと、という感じです。

この荒っぽさも、見た人を驚かせるようです。「障害のある子だからやさしい配慮を」などと思っている人にすれば、ビデオは「なんて乱暴な」と言いたくなるようなかかわりのオンパレードかもしれません。でも、きっとこの乱暴さ・荒っぽさが「普通の保育所と同じ」という印象につながるのでしょう。

　このような印象を持ってもらえると、実はうれしくなります。私は、ひまわり教室の子らは「普通の子」だと思っています。この子らは、他の子と比べるとできないことの多い、「普通の子」です。どれだけの人にわかってもらえるかわかりませんが、私は、ひまわり教室に通っている子どもたちが他の子らとまるで質の異なる存在だとは思っていません。

　確かに、ひじが伸びないとか足首や股の関節が硬いとか、四歳でもおしゃべりができないとか、いろいろな面でその子独自の特性はありますし、その部分を他の子どもたちと比べれば「遅れている」「ちがっている」ということになりますが、その「遅れ」や「ちがい」を自分の一部として、子どもたちは豊かな日常を過ごしています。そのことをまずしっかりと受け止めたい。

　その上で、できない部分はこちらが介助してあげればいいし、硬いところはゆっくりほぐしてあげればいい。食べ物をかむのが下手な子やかむ気のない子にはちょっと工夫しながらかむ練習をさせていけばいいと思います。食事の時間には、ＢＧＭをかけた部屋でテーブルに向かって、一人ひとりが家から持ってきたお弁当を食べます。ひまわり教室は小さなところで給食を用意する設備がありません。それぞれがお母さんに作ってもらったお弁当を食べています。お弁当の中身は実に多様です。たとえば、ある子は離乳食の終わり頃の硬さのごはんを食べ、別の子はかなり大きな塊のおかずを歯でかみ切って食べるといった具合で、実に幅が広い。食べ方もそれぞれです。ある子は職員に食べさせてもらい、ある子はすくうところから口に入れるところまで介助してもらい、また別の子はすくうところだけ手伝ってもらってあとは自分で食べています。この多様さと幅の広さがいかにもひまわり教室らしくて、私は大好きです。そんな風にして、ひまわり教室では子どもたちも大人たちも「普通に」生活しています。

そんな子どもたちとのかかわりについて語る時や、一人ひとりの子どもの育ちについて語る時、私はなるべく普通の生活の言葉で語るようにしています。訓練や指導の対象としての子どもを語るのではなく、生きる主人公としての子どものことを語るのですから、また子どもたちと私たちの「普通の生活」について語るのですから、そこではやっぱり「生活の言葉」がしっくりきます。

生活の言葉は、あいまいです。なんとなく頼りなげでもあります。たとえば「育ち」などという言葉を使うより、「発達」という言葉を使い、「発達とはこういうものです」と明確な定義を示した方がクリアな感じがします。ところがどういうわけか、私はそのようなクリアさが苦手なのです。人が生きていくうえであいまいさはつきものだ、というより、不可欠だとさえ思っている私がいます。

というわけで、「普通の子」を「ただの大人」が育てていく、ということでいいのではないか。そう思いながらの日々です。

今の、この時を大事にして

毎年四月は新しい年度の始まりです。春らしい日差しが身を包んでくれるようになり、暖かな陽光に当たっていると、それだけで自ずと「生きているって、いいなあ」と思えてきます。季節がめぐってくることの、なんと有難いことか。

この季節になると、目にする光景もうすぼんやりと霞み、それが柔らかな色合いをかもし出して、心を安らかにしてくれます。冬の間にあった色々な腹立ちやもやもや（たとえば、親がわが子を地域の学校に通わせてやりたいと思っても、それがなかなか受け入れられない。障害が重いことを理由に特別支援学校をすすめられ、就学先が決まるのが三月になることもある）とも一区切りをつけて、「さあ、またやっていこう」と思えてきます。春はまさに再生の季節、新たな出発の時です。

ひまわり教室では、三月に何人もの子どもたちが教室から旅立っていきます。そんなこともあって、新年度の最初の時期は妙に静かで、教室のあちこちが隙間だらけになっているような感じです。子どもたちはそれぞれに元気な顔を見せてくれるのですが、こちらの方がちょっと調子はずれな気分になります。

三月に子どもたちを送り出し、四月からまた新しいスタート。こういう繰り返しを何十回も重ねてきたのかと思うと、我ながら驚きます。体のあちこちにガタがくるのも道理です。

子どもたちと出会っては別れ、別れてはまた新しく出会いながら一緒に生きていると、一緒に遊んでいるその時、一緒に食事に取り組んでいるその時、そのいっときいっときが何ものにも変えがたい、大切なものに思われてきます。

長い長い無限の時の流れのなかの今この時に、広い広い無限の空間のまさにこの場所で、私の命と一人ひとりの子どもの命が出会い、一緒に動いているのです。この偶然の出会いとかかわり合いは、私にとってかけがえのないものであり、それを通してこそ、私は私の命を生きることができます。

今この時、この場所での体の触れ合いや心の溶け合い、その一つひとつをいとおしみ、大切にしたい。縁あってこの世に生を受けた者どうしが縁あってこうして結び合い、一緒に生きる。そのなかでこそ、一人ひとりが自分らしく育っていける。子どもたちも、家族たちも、私たち職員も。ひまわり教室は、そんな出会いと育ち合いの場です。

今通っている子どもたちやこれから通ってくる子どもたちの一人ひとりが、私を映し出してくれる存在です。優しい私が照らし出されることもあれば、冷たい自分や嫌な自分が映し出されることもあります。そのどれもが私です。嫌な私やだめな私も受け止めて、私は私を生きる他なく、そんな自分でしかないことを子どもたちに謝りながら付き合ってもらう以外に生きるすべがありません。

——生きる日を重ね重ねて
今　ここに
どうしようもない
私がいる
どうしようもない私を
生きる他ない

今の世の中は、ますます急ぎ足で進んでいます。どんどん便利さが増し、効率化が進み、それに引っ張られるようにして、人々の生活も速さを求められるようになっています。子どもの育ちも同様です。早期教育の重要性が方々で叫ばれ、強迫的な状態にさせられた親たちが、「子どものために」と血眼になっています。
障害児についても同様です。障害児の場合は、早期発見・早期療育・早期訓練の重要性が国をあげて叫ばれ、関係者も当然のこととして推し進めています。これに反対するにはけっこうエネルギーが要ります。まるで子どものことを考えていないかのように受け取られたり、子どもの可能性を否定していると受け取られたりします。こちらの思いをわかってもらうのは、絶望的なほどに困難です。

それでも、あえて一言。そんなに急がずに、ゆっくりとした子育てをしましょうよ。せかされるようにして、子どもを急いで変えようとすれば、どこかに歪みが生じます。今の世の中は、なんでもボタン一つで、ピッポッパッとやっていけるので、そのノリで子どもも大人の思う通りに変えられるものと錯覚している人が多いようですが、子どもは機械ではありません、生身の人間です。それぞれに個性があり、それぞれが自分の感情や思いなどを持って生きています。

一人ひとりの子どもにはその固有の生きるかたちがあり、ペースがあります。一人ひとりの大人に固有の生きるかたちがあるのと、まったく同じです。どうかすると大人は、自分のことは棚にあげて、やたらと子どもを変えようとします。「子どものために」という便利な理由をつけて、大人は子どもを自分の枠の中にはめ込もうとします。自分がされるとものすごく嫌がるはずなのに、子どもにはやってしまうのです。

急ぎ足の子育てに陥らず、ゆっくりと生きていきたいと思います。「目の前の、今のこの子」をまずしっかりと受け止めて、その子の育ちのスタイルや生きるかたちを大切にしながら。

ところで、前にもふれたように「存在をありのままに受け止める」ことと、子どもの言いなりになることとは、似て非なることです。子どもの存在をあるがままにしっかりと受け止め、そのうえで伝えるべきことはしっかり伝える。そうしながら、「今の、この時」を、一緒に生きたいのです。

ゆっくり生きることは心地のよいこと。心地よさをベースに、共に生きよう。春は、そんな思いにさせてくれる季節です。

円環的な時間と直線的な時間

この二〇年近く、実家の畑で野菜や花を作っています。父が私のためにと建ててくれた家をとび出したのが、四五年ばかり前のこと。その家に暮らしていた両親も亡くなり、結局今は私が家と畑の守りをする形になりました。

実家はひまわり教室から車で二〇分、わが家からは三〇分余りのところにあり、その裏に畑があります。家並みのはずれにあるので、周りにはまだ田んぼが残っていて、けっこうのどかです。

畑は百坪ほどの広さがあり、おまけに無農薬でやっているので、年がら年中草むしりに追われっ放し。虫もいっぱいいて、葉もの野菜は穴だらけといった塩梅。梅雨時に膝丈を優に超えるまで伸びた雑草の海を目の前にして気が遠くなるのは、毎年のことです。おそらく三、四〇種以上はある雑草の多くはあきれるほどたくましく、夏には野菜用の畝をほとんど占領してしまい、そんな雑草に埋もれるように、わが家の野菜たちはひっそりと息をしています。なかには雑草に負けて消えていくものも。

とはいえ、広さだけはたっぷりあるので、毎年野菜と花を合わせて三〇種余り育てていて、それなりににぎやかです。わが家だけでは手に余るので、時々ひまわり教室などに持っていき、食べてもらったり飾ってもらったりしています。

まあとにかく、周りの畑とはまるで趣の異なるわが家の畑ですが、その畑のなかをブラブラしている時の解放された気分は、他ではなかなか味わえません。

畑に通っていると、時間はめぐってくるものであることをしみじみと実感します。春には春の花が咲き、夏には夏の野菜が実り、秋になると雑草たちが少しおとなしくなってくれ、冬になると畑は雪の下になります（最近では、冬でも土が見えたままのこともありますが）。

雪が積もっている時はもちろんのこと、土が見えている時でも、冬の畑は静かです。大地全体がゆっくり眠っている感じ。その静けさのなかからやがて生き生きとした芽が顔を出し、色とりどりの花が咲く季節となっていきます。

そんな畑に流れている時間は円環的で、どこかに向かって直線的に進んでいる感じではありません。年により出来不出来はあるものの（たいていは不出来というところが情けないのですが）、季節ごとにいろんな野菜や花が育ち、その育ちを見守りながら、春から夏、夏から秋へと季節が移ろい、やがてまた春が戻ってきます。毎年少しずつ様子が異なりますが、冬のあとに訪れるのは必ず春です。

私はその時々にすべき事をしながら時の流れのなかに身を置き、野菜や花が大きくなっていくのを待ちます。育てると言うより、育つのを待っているという感じ。この円環的な時間のなかに身を置いている時、日常の直線的な時間の流れからしばし解放されます。畑の時間はゆるやかで、せかされることもありません。そのなかに身を浸していると、私の細胞の一つひとつが生き返るような心地がします。

畑から出ると、そこに流れているのは人間の作った直線的な時間。ひたすら前へ進むことを求められるなかで、人々は短期に目に見える成果を出そうとして必死です。あまりにも過酷な仕事に追い詰められて、自ら命を絶つ人も出てしまうほどです。

自然界には直線はなく、直線は人間が作り出したものですが、直線的な時間も言わば人間の作り物です。その歴史はそんなに長くはなく、人間が設計図を作って大量に工業製品を作るようになってからのこと。直線的時間のなかで生きるようになり、私たちの国でも、人々は自然を変えるべき対象にしてしまい、自然を自分たちの支配下におこうとしてきました。自然が文句を言わないことをいいことに、次々と自然を壊してきたのですが、開発というあたりのよい言葉が本質を隠してくれました。

今大人たちは、子育てにおいても同じようなことをしています。障害児については早期発見・早期療育の大切さが強調されて、あちこちに相談機関や療育機関が次々と作られています。

学校教育においても、いろんな子が一緒に活動しぶつかったり支え合ったりしながら育ち合うごちゃごちゃした教育よりも、障害児だけを集めて目に見える力を付けさせる教育を求める大人が増えています。子どもたちのかかわりの豊かさには関心を向けず、子どもの個別的な知的能力を効率的に向上させることにもっぱらエネルギーを注ぐ、そんな大人が増えているように思われます。そんな風潮の中で、この二〇年余り特別支援学校へ通う子どもの数が増え続けています。文部科学省が二〇〇七年に、障害児を障害のない子と分けた場所で教育をする特殊教育から、それぞれの子どもの教育的ニーズに応じた教育をする特別支援教育に衣替えをしてからも、特別支援学校で教育を受ける子の数が増え続けています。「普通教育」の在り方そのものの抜本的改革がなされない以上、この流れは変わらないでしょう。

そんな今だからこそ、私たちは円環的な時間のなかに身を置き、その猥雑さや面倒臭さや、それだからこその豊かさを味わいたいと思います。前に進むことばかりを考えている時にはまるで見えなかった、新しい世界が見えるはずです。

円環的な時間のなかに身を置くと、自然の大きさと自分の小ささを肌身を通して感じられます。野菜や花をなぎ倒していく暴風を止めることはできませんし、野菜の病気のもとになる長雨を止めることもできません。私にできるのは、少しでも被害が小さくなるように支柱を増やしたりすることと、傷んだ野菜や花を手入れし植物たちの再生するのを待つことです。

畑にいるとよく、「子育ても同じだな」と思います。思うように子どもを変えようとするのは傲慢というもの。大人のすべきことはその時どきを大切にし、必要に応じて支えたりしながら、子どものなかから新しいものが芽生えてくるのを待つこと。この待つ時間がとても大事です。世の中がどんどん便利になったために、今多くの大人は待つことがとても下手になったように思われます。

二つの鎖によく目を向けて

私たちは今、漠とした不安のなかに置かれています。世の中がこの先どうなっていくのか、まるで読めない。明るい明日を思い描こうとしても、全然イメージが湧いてこない。今日より明日が良い日だ、と思いたくても、それを基礎づけてくれる材料がまるで見当たらない。そんな不安です。

若い人も高齢者も、安心して暮らしていけるだけの経済的な余裕を持てていません。原発事故の問題はまだまだ収束の様子が見えていないのに、次々と原発が再稼働されていきます。現政権になって防衛予算が右肩上がりで、軍事に応用可能な技術の基礎研究に対する助成は、一六年度の六億円に対し一七年度の概算要求は、なんと一一〇億。また、教育は苛烈な競争主義社会に順応できる人材育成のために奉仕することを強く求められ、一人ひとりの子どもの育ちをゆっくりと支え、子どもたちが互いを理解し尊重し合うことを学べる子ども本位の教育をすることがたいへん難しくなっています（そもそも今の学校教育制度の中で「子ども本位の教育」などあり得ないのかもしれませんが）。

政治権力や資本の力が圧倒的に強く、国民一人ひとりの暮らしを守ろうとする流れは極めて弱いのです。そのような状況のなかで、私たちはどう生きていけばよいか、どのように生きるべきなのか。他人まかせにしないで、一人ひとりが主体的に考えていきたいものです。

一人の人間の力はたかが知れています。その一人が私たちのような「ただの人間」であればなおのこと、その力は巨象の前の蟻のようなものです。だからと言って、象にすべてを委ねて、象の言うがままに従っていけばよいのか。服従の中に蟻の幸せを見い出せばよいのか。

この数年、右のような問いが私の心から離れません。

ひまわり教室というごくごく小さな施設に身を置き、そこに通ってくるかわいい子どもたちと一緒に遊んだりして一人ひとりの子どもの育ちの手助けをし、家族の人たちと共に歩みながら、私のなかには常に、「ひまわりのなかでの喜びや幸せだけを求めてはいけない」という思いがありました。小さなコップの水をきれいにしたとして、子どもたちはずっとコップのなかで生きていくわけではありません。いずれコップのなかから出ていく時がきます。その時、周りの水がどのようなものか。そこが極めて重要です。

コップのなかの水を好ましいものにするために、職員の資質を高める（さまざまな能力を身に付けるだけではなく、「在り方」を深く問う）べく努めることと、コップの外の水を好ましいものにするために力を注ぐこと。この二つのことを切り離してはならない。その思いでこの四〇年余りを生きてきました。「実践と制度改革」は車の両輪、どっちが欠けても車は前に進めません。そう考えながらの四〇年余りでした。
最近、このへんで一度立ち止まってゆっくり考えてみたいと思い、若い頃に読み漁っていた人たちの本をまた手に取り、自分の足どりをたどり直しています。何人かの著者のうちの一人に、エーリッヒ・フロムがいます。そのフロムの『よりよく生きるということ』（第三文明社・小比木啓吾監訳・二〇〇〇年）のなかに、こんな一節があります。

――世界の産業化された部分の危機、おそらくは人類の危機、これは、場合によっては破滅的なものになるであろう。このような危機を克服しようと試みるのであれば、必ずや、外的と内的、双方の鎖の性質について理解するところから出発しなければならない。

外的とは「社会の」、内的とは「自分の内面の」という意味でしょう。この二つの鎖がどのようなものであるかを見極めることは、決してたやすいことではありません。しかし、これを怠っていたのでは、私たちの存在そのものが危うくなってしまいます。

自分はどのような思いで障害のある子の保育をしているのか。自分を縛るものに無自覚なまま仕事をしているところはないか。社会の流れに身をまかせるようにして生きているところはないか。たとえば、より多くのものを所有したり少しでも速く効率的に動くことがよいことだとする、昨今の社会状況にどっぷりつかるような生き方をしていないか。自分の内面にあって自分の行動や生き方を縛る鎖に目を向けてみると、思わぬ自分が見えてくるかもしれません。

政治・社会状況に目を閉ざして生きる方が楽かもしれません。でも、私たち一人ひとりの生活が政治・社会状況に規定されていること、つまり私たちの生活がその時々の政治・社会状況から全く隔絶されているわけではないことを考えた時、私たちを取り巻き私たちを縛っている外的なものから目をそらせてはならないと思います。

また、そうした外的状況に縛られて生きているうちに心身にしみ込ませてしまった価値観などが、自分の生き方をゆがめてしまっていることはないか、それを見つめ直すことも私たちの大事な仕事です。

このような問いを忘れて仕事をしていると、結局目の前の子どもたちや家族に迷惑をかけてしまいます。それだけは避けたいのです。そのためにも、内にも外にも目を向け、自分を縛っているものをみつめながら生きていきたいと思います。それが困難な営みであることは十分わかっていますが、困難だからやめてもいいと言える性質のものでないことはあえて言うまでもないでしょう。

第Ⅱ部　状況の中で——「共に生きる」をめざして

押し入れの中に隠れていた自分

ある日、たまたま押し入れの中を整理していたら、一九六八年から一九七五年までの日記が出てきました。なつかしくて開いてみると、いかにも若者が書きそうな文章が、あちこちに見られました。たとえば、

——死は私にとっては無である。無とは可能性の全くないことを意味する。私は再びこの世界を見はしない。この世界のざわめきを聞きはしない。この世界を肌に感じはしない。私の死とともに世界は終わるのだ。人類全体、世界全体からみれば、私一人の死くらい痛くもかゆくもないであろう。せいぜい家族が涙を流し、少しばかりの友人が悲しむくらいであろう。私の死はそれくらいの意味しかもたないだろう。しかし、私にとって私の死ほど重大なことはない。　（一九六八年一一月三日）

——人間として生まれてきて、可能性のない人はいないであろう。全く可能性のないように見える人、たとえば重症心身障害児のような人の中にだって、一生かかって

もくみ尽くすことのできない深き可能性が宿っている。ただ、彼らの可能性を伸ばすことのできる人がいないだけのことである。（一九六九年一月一二日）

これらはいずれも大学生の頃の文章です。それだけに気負っているところがありますが、基本のところでは今の自分の思いと深くつながっています。

ひまわり教室を始めた年（一九七四年）の一一月には、こんなことを書いています。

――僕は今の仕事を何のためにやっているのか？　あるいは何故やっているのか。

(1)　重い障害をもつ子どもも集団の中で適切な方法で教育されれば、その人なりに伸びていくという僕の確信を出発点にしている。

(2)　略

(3)　その一人ひとりの子どもに対して、同じ社会に生きるものとしての責任を果たしたい。それは、その子とのかかわりあいの中でこそ実行されうる。

(4)　その子たち一人ひとりとのかかわりあいを通して、よりよく生きることの意味を探りたい。

(5)　より広い人々に差別のない社会の形成を訴えたい。（略）重い障害をもつ子ども社会の一員として受け入れ、共に生きていこうとする姿こそ人間の社会の姿だということを訴えたい。

(6) つまり、共に生きることの重みを探りたい。

このような日記があることなどすっかり忘れていましたが、改めて読み返してみて、開設から二〇年後の自分が言っているようなことを、開設当時にすでに考えていたことがわかりました。ちょっと驚きました。と同時に、その頃と比べて、自分はどれほどの深まりを持てるようになったのだろうかという疑問も湧いてきました。

時の流れとともに、「障害」者を取り巻く状況は変わり、少しは住みやすくなりつつあります。では私自身はどうでしょうか。若い頃のような問いを抱き続けているだろうか。日々の忙しさのなかで、大切なことをゆっくり考えることを忘れてしまってはいないだろうか。まわりの人々に率直に語りかけることをおっくうがってはいないか。そんなことを考えました。

ふとしたことで見つけた日記に記されている文章にふれ、私は久し振りに、若い頃の自分に出会い、ほんの少しですが、自分のなかに新鮮な風を吹き込めたような気がしました。

たまには押し入れをひっかき回すのも悪くないものです。

（一九九六年二月）

見えるバリア・見えないバリア

一九九七年は石川県にとって「バリアフリー元年」（谷本知事）ということで、あちこちでバリアフリーについてのシンポジウムや機器の展示会などが開かれています。県の方から北欧へ視察団が派遣されたりもしています。

新聞やテレビでバリアフリー関連の報道が頻繁になされていて、それらを見ていると、石川県内で「障害」者や老人をめぐる環境が、遅まきながら少しずつ変わり始めていることを実感できました。

現実的には問題はいっぱいあります。たしかに建物などハード面での取り組みは進められているのでしょう。しかし、住んでいる家や施設などからその建物へ行こうとしても、そこへたどり着くのは並大抵のことではありません。たとえば、電動車椅子。いざ走らせようとしても、歩道はあちこちで斜めになっていたり、狭くなっていたりで、おそろしくてたまらないだろうと思います。

金沢市内の道は狭くて入り組んでいて、それが金沢の街並みを落ち着いたものにしている面もあり、私自身は今もそれが好きなのですが、「障害」者や老人の住みやすさのことを考えると、かなりの工夫、改善が必要です。

また、建物などの改善も緒に就いたばかりで、まだまだ多くのものはバリアフルな建物のままです。たとえば、金沢駅。長い年月をかけてきれいになり広くなったのに、エレベーターがありません。あるいは、ホテル。金沢市内とその近隣の町にあるホテルで、「障害」者用のトイレが設置されているのは、ごくわずかです。金沢には「障害」者は来ないもの、という前提で駅やホテルが造られているように思われます。さらにこういう例もあります。レストランなどで「障害」者用のトイレが設置されているところがありますが、そのなかに、いったん男子トイレへ入らないと「障害」者用のトイレへ行けないような造りになっているものがあります。女性の「障害」者のことを全く考えていません。

ところで、バリアには大きく分けて四つの種類があると言われています。建物などの改善は、物理的な面でのバリアをなくそうとするものです。あとの三つのバリアのなかから、ここでは「心のバリア」について、ほんの少し。心のバリアといえば、差別と偏見などです。それがどういうものか、改めて言うまでもないことでしょう。

ひまわり教室から街へ出かけることがあります。何人かの子どもはバギーに乗っていきます。バギーを押していくと、いくつもの「目」にぶつかります。不思議なものでも見るような目、あわれんでいるような目、ちょっと気持ち悪がっているような目。そんな目がこちらの心に突き刺さります。もう二〇年も続けていることなので、私などは結構平静でおられるようになりましたが、教室に実習に来た学生さんたちは、とっても強いショックを受けるようです。「障害」児のお母さんたちも、街に出た時の周りの目がとても辛いといいます。それに負けずに街へ出ていくには、けっこう勇気が要ります。

この「目」に象徴されるように、周りの人々の「障害」児・者に対する意識は、きわめて遅れています。

「障害」児は「障害」を持っているから不幸なのではない。「障害」を理由に差別され、さげすまれて生きなければならないことが不幸なのだ。改めてそう思います。

（一九九七年一〇月）

差別的法律を生んだ戦時下の社会――優生思想は今も生きている①

つい最近まで、きわめて差別的な法律がありました。その法律の名前は「優生保護法」。この法律は一九四八年に制定されたものですが、この「優生保護法」の前身にあたるのが、一九四〇年に制定された「国民優生法」（一九四一年施行）です。「国民優生法」が作られたのは第二次大戦のまっ最中で、この法律の手本となったのがナチスドイツの「ナチス刑法」や「遺伝病子孫防止法」とくれば、この法律がどんな中身を持ったものであるか、容易に想像がつきます。

ナチスドイツがユダヤ人を大量虐殺したことはよく知られていますが、ナチスドイツがまず抹殺したのは実は「障害」者でした。一九三九年から敗戦までの間に二〇万人余りの「障害」者を薬物注射やガス室で虐殺したのです。

そうしたナチスの考えにならって作られた法律ですから、「国民優生法」はとんでもない目的を掲げていました。それは、次のようなものです。

――悪質ナル遺伝性疾患ノ素質ヲ有スル者ノ増加ヲ防遏《あつ》スルト共ニ健全ナル素質ヲ有

スル者ノ増加ヲ図リ以テ国民素質ノ向上ヲ期スル事ヲ目的トス（ルビは徳田による）

この法律のもとで、「障害」も「不健康素因」とみなされ、「障害」者は優生手術の対象となりました。突き詰めれば、戦争に役に立たない者は生まれてくる価値がないと考えられていたのです。「障害」者が必ず「障害」児を産むわけではありません。そうでない場合が多いのです。しかし、当時はそのようには考えなかったのです。これもひどい話です。その一方で、「健全」者の堕胎と産児調節（避妊・不妊手術）は禁止され、女性はお国のために「健全」な子どもを産むことを強く求められていました。女性は自分たちのために子どもを産むのではなく、国のために「健全」な子どもを産むことを強要されていたのです。

敗戦を機に、さすがに「国民優生法」は改正されました。しかし残念ながらその本質まで改められることはありませんでした。すなわち、「優生保護法」の目的も、たいへん差別的な考えを含んでいました。

――この法律は優生上の見地から不良な子孫の出生を防止するとともに、母性の生命

健康を保護することを目的とする（第一条）（傍線は徳田による）

目的の後段はともかくとして、前段（傍線部分）は極めて差別的なものです。ここでいわれている「不良な子孫」がどういう人たちを指すかは、あえて言うまでもないでしょう。

実際この「優生保護法」の名のもとに、戦後も「障害」を持つ男性の断種手術が行われたり、女性の「障害」者の正常な子宮が摘出されたりしてきました。ここに流れているのは、「障害」者を「マイナスな存在、本来なら生まれないほうがよい存在、社会にとって迷惑な存在」と捉える考え方です。これはまさに、ナチスの優生思想そのものです。戦前の国家目的である富国強兵に代わって、戦後は経済成長が国家目的となり、その目的のために「障害」者は排除・差別されてきたのです。

（一九九八年六月）

「障害」児を産まないための方策の追求――優生思想は今も生きている②

一九九三年に毎日新聞で、ある医師が「障害」者の正常な子宮を摘出した問題を大きく取り上げたことがあります。その医師は記者のインタビューに答えて、「社会が困れば何らかの医学的対処が必要」「重度の知的障害者に子供を産む権利はない」と言っています。なんという人権感覚でしょうか。激しい怒りを覚えます。しかし、この医師だけが特に歪んだ価値観を持っているわけではなく、わが国の多くの人々も似たような価値観を持っているのではないでしょうか。

なぜこんなことを言うかといえば、今日になっても「障害」児を産まないための方策の追求が熱心に進められているからです。こちらのほうは、「国民優生法」や「優生保護法」のような露骨な差別性を感じさせません。法律が強面の印象を与えるのに対し、最近の「障害」児を産まないための方策追求はソフトな印象を与え、差別性も見えにくくなっています。それだけになおのこと、やっかいになってきたとも言えます。

実は、「優生保護法」は一九九六年に改正され、新しく「母体保護法」に衣替えしました。そして「優生上の見地から不良な子孫の出生を防止する」という差別的な文言は消えました。このことも手伝って、「障害」児の出生をめぐる議論は見えにくくなりました。しかし、見えにくくなったというだけで、「障害」児が「不良な存在」「できれば生まれないほうがよい存在」、あるいは「不幸な存在」と考えられている状況は少しも変わっていません。

今でも「不良な子孫の出生を防止」のための試みは続けられています。それは断種や強制中絶といった恐ろしいイメージではなく、科学的な装いを持ち、医学の権威を楯にとって進められています。

その話に入る前に、誤解のないように記しておかなければならないことがあります。私は戦争や薬物の大量摂取や公害などによって、「障害」者が「作られる」ことには基本的に反対です。暴力的に人の命を奪ったり傷つけたりすることに対しても、私は反対します。たとえば今日でも、カンボジアなどで連日、対人地雷の犠牲になって命を落としたり、損傷を受けたりしている人たちがいます。そのような地雷を作ることにも私は反対です。

このことと、胎内にいる子どもの「障害」を理由にした中絶（＝優生思想にもとづく中絶）に反対することとは矛盾しない、と私は考えています。

私は、「あらゆる中絶に絶対反対」と言い切るほど潔癖な人間ではありません。そのことも併せて記しておきます。

私がここで述べていること、あるいは私が今願っていることは、今も広く行き渡っている優生思想を、どうしたらなくしていけるかということです。

現在私たちの周りでは、「共生」とか「共に生きる」とかの言葉がさかんに使われていて、それだけを見ると、いろんな人たちがお互いの違いを認め合いながら一緒に生きる社会が今にも実現するのではないか、と思ってしまいます。しかし、それはあくまでも表面上のことであって、一般の人にはよく見えないところで、「障害」児を産まないための方策が追求されています。

そんななかで、私の身近でも、子どもが「健常」な状態で生まれたにもかかわらず、「なぜ、妊娠しているときに胎児の異常の有無を調べてくれなかったのか」と医師が母親から非難されたという話があります。親たちのなかにも、強い「健康志向」「健常志向」が広がっていると思われます。

そういうことも手伝ってのことと思いますが、医師のほうから出生前診断を勧める場合も多くなっているようです。

（一九九八年八月）

共に生きる社会を創るために——優生思想は今も生きている③

出生前の胎児の様子を調べる技術がいろいろ開発され、医療現場で使われるようになっています。従来からよく知られているものに、羊水検査があります。この検査を受ける人の多くは、ダウン症児の発生を恐れているわけで、ダウン症の青年を息子に持つ私としては、この検査のことを思うたびに息子の存在そのものが否定されているように思われ、辛くなります。

羊水検査には時間も費用もかかり、多少の危険も伴うという「不都合な面」があったのですが、最近それらの「不都合な面」を克服（？）した、新しい検査法が開発されました。そのうちの一つ、トリプルマーカーテストと呼ばれる方法は、母親の血液を採取するだけで胎児が異常である確率を算出することができるうえ、費用も安いとのこと（このテストだけで十分把握できるわけではありませんが）。このような検査が、きちんとした論議もなされないままに広がっていくことに、私は大きな恐れを感じます。しかもこの方法が、アメリカでは企業が中心となって導入が進められていて、将来的に大きな「市場」と見なされていることを思うと、いたたまれない気持ちになります。

近年たて続けに、人間が生命操作をするようなできごとが起こっています。今や人間は、自在に生命操作をする技術を手にしてしまったのです。その生命操作を行う際に除去の対象となる存在、それは言うまでもなく「障害」児です。「障害」児は、この世に生まれないほうがよいと見なされ、自分も不幸になり、まわりも不幸にする存在と見なされる。

しかし、これはまったく受け入れることのできない考え方です。生命に優劣をつけ、ある人を「存在しなくてもよい者」と見なすような考え方を、私は支持できません。

私はかつて「障害」を持つわが子を受け入れることができず、自分の人生に絶望してしまいました。しかし私は、まさに「障害」を持つその子によって心を癒され、共に生きていく力をもらいました。今私は、彼が私の子どもとして生まれてきてくれたことに深く感謝しています。「障害」を持つわが子と共に生き、私は多くの人々と出会い、支えられて生きてきました。彼がいなかったら、私の人生は今ほどに豊かなものになっていなかったでしょう。「障害」児を持つことで、絶望したのは、私が歪んだ人間観を持っていたからで、彼の責任ではありません。むしろ、「障害」を持つわが子によって、私は少しだけましな人間にしてもらいました。

人が人の命の価値を勝手に決めるようなことはすべきではありません。まして、だめな命、不必要な命と決めつけて、ある人の命を奪うようなことはしてはならないと思います。出生前診断によって「障害」児を産まないようにすることは、今私の目の前にいる、ひまわりのあのかわいい子どもたち、素敵な子どもたちの存在を否定することです。「『障害』を持って生まれてしまった子については仕方がないが、できることなら生まないようにしよう」という考えも、私は支持できません。

「障害」児がいない社会が好ましい社会だなどと、とうてい考えることはできません。弱い人や強い人、できない人やできる人、若い人や年老いた人、明るい人や暗い人、せっかちな人やのんびりした人など、さまざまな人たちが一緒に生き、支えたり支えられたりして生き合う社会こそ、豊かな社会と言えます。

そのような社会を創り出すためにも、今私たちは、優生思想ときちんと向き合い、それを克服するための営みを自分の課題としたいものです。

（一九九八年一〇月）

熱い思いにふれて

今年も、一〇月と一一月に二つの研究集会に参加しました。それぞれの会で人々の熱い思いにふれて心を動かされ、励ましを受けました。

一つは、石川県教職員組合などの主催する教育研究集会です。そのうちの「障害児教育分科会」に参加しました。一〇月二六、二七日の二日間で八本のレポートが報告されました。

八本のうち松任市内の小学校の先生であるNさんのレポートは、「障害」児とのかかわりを考えるうえで、大いに勉強になるものでした。

Nさんは「障害」を持つM君の親学級（交流学級）の担任としての実践を報告しました。一、二年のときのM君は、学校生活に溶け込めなかったようです。その行動は、一見「わがままな行動」として現れました。周りの人たちにすると、彼は「特別な子」でした。

Nさんは M君を特別扱いしませんでした。「だめなことはだめ」と、きっぱりと伝えました。そのNさんの毅然とした姿勢が、M君に届きました。彼は授業中、教室を抜け出すことをやめました。友達との交わりが生まれ、勉強に対しても積極的になっていきました。

先生が目の前の子に熱い思いをかけることがいかに大きな意味を持っているか、を教えてもらった報告でした。

今回の研究集会でなんと言っても大きなできごとは、久しぶりに「障害」児の父親が報告したことです。教員で「障害」児の父親でもある人の報告は、これまでに何本かありました。教員以外の父親が報告したのは、それまで私だけでした。私が最後に報告したのは、一〇年ばかり前のことです。

Ｉさんは、Ｔ君が病気でいろんなことができなくなっていった経過から語り始めました。その時のことをＩさんは、「奈落の底に突き落とされた思いがしました。これから先の不安、恐怖、人生設計が狂った思いなど、絶望感で一杯でした」と語りました。

その後ひまわり教室との出会いなどを通して、Ｉさんは、「障害」の重いＴ君を地域の小学校につなげます。Ｉさんの次のような言葉に私は深く共感しました。

――Ｔが病気になるまで、障害を持つ人に対する偏見、差別心が私のなかにはあったと思います。それが間違っていること、そして一緒にいることがあたりまえであることをTが身をもって教えてくれていることに気づいたのです。

Iさんが時折グッと胸をつまらせながら語っていく、その息遣いまでも伝わってくるようで、私は何度も涙をこらえながら、全身で聴いていました。ほかの参加者も同様であったと思います。

二つ目の集会は、全国同和教育研究集会です。今年は第五〇回大会で、水平社発祥の地・奈良県で開催されました。大会は、一一月二八日から三日間開かれ、私は分科会の司会者として参加しました。ここでは一つのレポートについて書きます。

熊本県のO先生は、被差別部落のないところでの部落問題学習の取り組みについて報告しました。Oさんは取り組みの動機について、おおよそ次のように語りました。

――部落問題は、差別する側の問題です。私は子どもたちが部落問題をわがこととして考え、差別する側に立たない人間に育ってくれることを願って、この取り組みをしました。

Oさんは低学年の子どもたちに向けて、いろんな教材を通して、部落差別やそれと闘った人たちの姿を示していきます。一方で、家族への聞き取りもさせます。そのなかで子どもたちは、部落の人たちの生きる姿と自分の生きる姿を重ねて捉えるようになっていきました。

Ｏさんは、司会者と報告者の控室ではとても静かな人でした。しかし彼は、報告を始めるや否や、情熱の人になりました。実践の中身ももちろんでしたが、私はＯさんの心の熱さにうたれました。熱い思いにふれて、心を揺り動かされ、豊かなものをもらうことの喜びを味わった秋でした。

（一九九八年一二月）

新しい芽ぶきと共に

また新しい春がめぐってきました。春は一直線にはやってこなくて、行きつ戻りつしながら、少しずつその姿を現してきます。昨日は気温が二〇度を超えたかと思うと、今日は上に一枚多めに着たくなる、といった具合です。そんな風にしながら、春はあちこちで黄色や桃色や紫色の花々を咲かせ、木々の芽をふくらませています。そして、柔らかな空気で私たちを包んでくれるようになってきます。そんなやさしい空気のなかで、小さな虫たちが軽やかに羽ばたいています。

世界のなかには秋から新年度が始まるところもあるようですが、身のまわりの生き物たちが新しく生まれたり、再び活発に動き出すこの季節に新しい年度がスタートするのを、私は個人的にとても好ましく思っています。私自身もささやかながら命の再生ができそうな気がするのです。

この年度は、いろんなことが詰まっていて、例年にも増して忙しくなりそうです。まず、「金沢つながりの会」の二〇周年の年です。「つながりの会」は松任にもありますが、いずれもひまわり教室のきょうだいのようなものです。いろんな子どもがいて当たり前の学校、いろんな人がいて当たり前の社会の実現に向けて、一緒に歩んできました。一口に二〇年と言いますが、そこには数え切れないほどのたくさんのできごとがありました。喜びがあり悲しみがあり、楽しみがあり苦しみがありました。そんな二〇年の歩みを、ともにかみしめたい。

今年は、「養護学校教育義務化」二〇年の年でもあります。子どもたちが「障害」の種類や程度によって振り分けられることに怒り、私たちは「共に生き、共に育つ」教育の実現を願って運動を続けてきました。この二〇年で、少しは状況が変わりました。しかし、根っこのところは少しも変わっていないように思われます。「頭のいい人はいい人だ」、「できることはいいことだ」といった能力主義的人間観が、未だに人々の心を支配しています。「支え合って生きる」「弱さを大切にし合って生きる」関係は、まだまだ見えていません。

さて、この節目の年にひまわり教室も共催者となって、金沢で「障害児を普通学校へ全国連絡会・第九回全国交流集会」を開きます。全国で活動している人たちと直接語り合える、またとない機会です。大いに楽しくやりたいものです。

さらに松任の教室が今年で二〇年目です。これも大きな意味を持ったことがらです。一九八〇年に無認可でスタートした松任の「ひまわり教室」は、松任市や近隣の市町村における「共生・共育」の運動の一翼を担ってきました。二〇年近くの間に多くの親子と出会い、支え合って生きてきました。

来年の四月には二〇周年のお祝いをしたい。楽しいお祝い会にするために、この一年を楽しく充実したものにしなければ、と思っています。

新しい命の芽ぶく今、また新しい歩みを始めます。

（一九九九年五月）

権力的にならないために

なるべく権力的にならずに生きていきたい。これが、私のいくつかの夢のなかの一つです。それもかなり重要な。

保育という仕事についていると、つい「教える者―教えられる者」という図式にはまり込んでしまうことがあります。「大人―子ども」関係がそもそも、前者が権力的になる可能性を大いにはらんでいるのです。そのうえに「教える―教えられる」関係です。これは、よほど気をつけないといけません。

権力的な関係は縦の関係であり、上に位置する者が権力を握ることになります。権力を握った者は、相手を自分の思い通りに動かそうとします。相手の主体性を認めず、判断、選択の決定権を自分の手のなかに入れておきます。

自分の思い通りに事を運んだり、他人を動かしたりできることは、けっこう気持ちのよいものです。権力を持つことで、右のようなことが可能になります。場合によっては、自分の欲望を満たしたいがために他者と上下関係を作っている、ということに気づくことのできない人もいます。権力的な座にいることに慣れすぎて、自分の在り方に気づくことができない人たちです。たとえば、かつての医師がそうでした。患者は素人であり、病気やその治療について何も知らない。だから専門家である医師にすべてのことをまかせておけばよい、と考えられていました。

相手と自分との関係において、相手を無知・無力な存在と捉えてしまうと、人間は権力的になりやすくなります。そして、相手に対して絶対的な服従を求めるようになります。そうなると、質問することすら認めなくなります。素人があれこれ知ろうとするな、専門家である私に黙ってまかせておけ、ということらしいです。もうずいぶん前のことになりますが、親がわが子の「障害」についてもう少し詳しく知りたいと思って質問すると、それだけで不快をあらわにする医師がいました。子どもに出されている薬の名前や効能をたずねることも、はばかられることでした。さすがに、今ではそういう話は聞かなくなりました。しかし、「医師―患者」関係のなかに権力的関係に陥ってしまう可能性が潜んでいることは、今も変わりないでしょう。

福祉施設で働く者とそこを利用する人たちとの間にも権力的関係に陥る可能性が潜んでいます。暴力的な形で権力の行使が行われれば、その問題性に気づきやすいのですが、昨今においては、そのような単純な形はむしろ少ないと思います。

人は、ソフトな形でも権力者たり得ます。要は、両者の関係の質の問題です。一方が、専有的に知識や情報や判断材料を持っていて、他方にそれを与えようとしない場合、一方が「自分は力を持っている」と思っていて、他方はその人間から「無力な者」とレッテルを貼られてしまいます。こうした関係は、見た目はソフトであろうと、権力的関係と言わざるを得ません。いわゆる「専門家」と非専門家の関係は、こうした危険をはらんでいます。

知的障害者の施設では、さまざまな活動の選択や決定において、「障害者」本人の意向が反映されにくく、支援員の側が決めてしまうことがまだまだ多いのです。本人の判断力がたいへん低くみられているためです。

では、権力的にならないためにはどうするとよいでしょうか。相手を対象化しないこと。相手を支配しようとしないこと。相手の主体性を尊重し、「主体―主体」関係を育てること。ちがって当たり前と思う感性を育てること。心身ともに柔らかにすること。相手の「生きる力」を信頼すること。総体として、「水平な関係」をつくるように努めること。どれも書くと簡単そうですが、いざ実践しようとすると途方にくれるほどに難しいものです。でも、生きている限り求めたい方向です。

（一九九九年八月）

教える者として、学ぶ者として

今年の石川県教育研究集会（石川県教職員組合などが主催）は、一〇月二六日と二七日の二日間、能美郡で開かれました。私は「障害児教育分科会」に出席しました。今回の会場は金沢市や松任市から近かったので、ひまわり教室のお母さんたちをはじめ、たくさんの保護者が参加していました。やっぱり、たくさんの親たちが参加しての討論はいいものです。親からの発言がそれほど多かったわけではないのですが、何かしらひきしまった感じがしました。これからも、先生と親がともに語り合うことを大切にしていきたいと思います。

今回の研究集会のもう一つの特徴は、高校と養護学校からレポートが出されたことです。何年も待ち望んでいたことが、今年ようやく実現しました。レポートはそれぞれ一本ずつでしたが、それらが加わることで、討論の幅がずいぶん広がりました。

小松北高校（定時制）のKさんは、学校内での生徒どうしの関係の難しさを語る一方で、できるだけいろんな人を受け入れようとしていることも話されました。Kさんの語り口は野太くて、暖かで、出席していた人たちを大いに励ますものでした。

医王養護学校（国立医王病院に併設）のＩさんのレポートは、学校と病院との関係なども含め、養護学校のもつ悩みや問題を提示するものでした。これからも養護学校でのさまざまな取り組みが語られ、一緒に考えていけたらと思っています。

今年は全部で一一本のレポートがあり、前記の二本以外は普通の小・中学校に在籍している子どもに関するもので、うち二本は保護者からのものでした。

今回出されたレポートのなかで、野々市町立の小学校のＯさんのレポートが、特に心に残りました。Ｏさんとはもうずいぶん長い付き合いで、日頃からその柔らかな人柄にほれ込んでいますが、今回のレポートを聞いて、ますますＯさんが好きになり、信頼感を深めました。

「障害」を持つＫ君をクラスに受け入れていくとき、そこにいろんな人間関係が生まれてきます。Ｏさんは自分の感性に照らしておかしいことはおかしいと伝える。子どもたちの方も、Ｏさんのやり方に疑問を感じると、率直にそのことを伝える。Ｏさんは子どもの言葉に、素直に耳を傾ける。そのへんのＯさんの柔らかさや謙虚さが、なんとも素敵です。

そうこうしているうちに、なかなかの迫力をもってＫ君にかかわる女の子が出てきます。やがて、それまでは掃除などしたことのなかったＫ君が、その女の子となら掃除をするようになり、Oさんは驚きます。そのOさんに、女の子の一声。「先生、K、一緒にすればいろんなことできるよ」。

Oさんはこの女の子とK君のかかわりから自分を見つめ直したり、学んだりしていきます。Oさんは「教える者」として子どもと付き合っているばかりでなく、「子どもから学ぶ者」として、「子どもと一緒に生き、育ち合う者」として付き合っています。

Oさんの話を聞きながら、私たちが大切にすべきことを改めて確かめることができました。そして、深いところで励ましを受けました。

（一九九九年一二月）

未だ道遠く――石川県教育研究集会に参加して

一〇月二五、二六日の両日、石川県教職員組合などが主催する「石川県教育研究集会」が金沢市と内灘町の会場で開かれました。今年も「障害児教育」の分科会に参加して、各地の実践を聞きました。

今年は一一本のレポートがありましたが、そのうちの九本が「障害」児学級に籍のある子の話でした。「障害」児学級だけで活動している話はあまりなく、多少なりとも普通学級の子らとの交流が語られていました。なかには「共に」という言葉をタイトルに使いながら話の内容はまるで異なるものもありましたが、さすがにそうしたレポートはわずかでした。

今回の研究集会で驚いたのは、今もって「障害」児だけを集めた行事がなされているということでした。支部内の各学校の「障害」児学級の子どもや保護者を集めて「いも掘り会」や合宿などをしているというのです。そうしたことが、なんの疑問もなしに語られるのを目のあたりにして、驚きとともに悲しみに似たものを感じました。また、このようにして分けて集められている親子がいる。分けて集めることに何の痛みも感じていない先生がいる……。これに対して何ができるのか、今はよくわかりません。「共に生きる」「共に育つ」といった言葉が広く使われるようになってもう何年もたちますが、まだまだ言葉と実際との乖離は大きい。

分けられている子どもたちを少しでもつなげる。このことは、口で言うほど簡単なことではありません。よほど明確な方向性と強い意志を持っていないと、今の石川県で「共に生きる」実践をつくり出すことは極めて難しいのです。

状況は徐々によくなっているとは言え、「普通教育」が多くの「障害」児を除いたところで成り立っていることに変わりはありません。いきおい「障害」児と「健常」児をつなげる営みは、多くの困難を伴います。それを引き受ける覚悟が、先生にも親にも求められます。さらには、一人ひとりの先生の力量や学校全体の力量も問われてきます。そうしたことを確め合うことの必要性を、改めて感じます。

この六日には、文部省の「二一世紀の特殊教育のあり方に関する調査研究協力者会議」が中間報告を出しました。そこでは、三八年ぶりに「障害」児の就学基準の見直しがなされているようです。少しは「障害」児が普通学級へ入っていく道が広くなりそうです。

とは言え、従来からの分離教育の原則はそのままです。また、普通学級に入りやすくなるのは身体に「障害」のある子どもたちであり、知的に「障害」のある子に対しては普通学級の壁は依然として高くて厚い、と言わざるを得ません。

「障害」を理由に子どもたちが振り分けられることは、どの子にとっても不幸なことです。いろんな子がいてすったもんだしながら一緒に育っていく。そのことを通して子どもたちは、一緒に生きていくためのノウハウを学んでいけるのです。分けられてしまうと、学ぶ機会を失ってしまいます。

いろんな子がいて当たり前の学校を創り出すために、私たちに与えられた課題は、まだまだ大きく重いように思います。

（二〇〇〇年一二月）

冬の時代

最近、学校の先生たちに元気がないな、と思います。「障害」児の親と先生たちで語り合う会に出たり、教職員組合主催の会合に出たりしても、先生たちの語り口にハリがないのです。自信を持って自分の実践を語る人は以前から多くはいませんでした。でも、自分と子どもたちとのかかわりやクラスでの子どもどうしのかかわりなどを楽しそうに語る先生は、けっこういたものです。ところが最近、そうした先生がほとんどいません。これはどうしたことでしょうか。

私は七月下旬、東京で開かれた「障害児を普通学校へ・全国交流集会」に参加してきました。そこで、現在のように「障害」児と「健常」児と分けるような学校教育制度を改めよう、ということが重要なテーマとして語り合われました。しかし、思いの強さ・願いの強さとは裏腹に、パラダイム変換のための具体的な手だては、さっぱり見えませんでした。道の遠いことを思いました。

こうした思いは、七月三〇日に文部科学省の役人さんたちと語り合うなかで、さらに強まりました。「二一〇世紀の特殊教育の在り方について」の最終報告に基づいて、文部科学省では、「障害」児の就学手続き等の見直しをしています。私たちは部分的な見直しではなく、基本的な考え方そのものを変えるように求めたのですが、文部科学省は現行の制度を一ミリといえども動かす気はありません。そのことを、今回の話し合いのなかで再確認しました。

制度の根本的な見直しが当分望めそうにないのであればなおのこと、日々の実践を通して、「共に生き、共に学び、共に育ち合う」ことの大切さを多くの人たちに知ってもらうことが重要になってきます。制度改革に向けて、実際的な面から訴えていくことが求められてきます。その実践を担うのは一人ひとりの先生であり、またその組織でもあります。それだけに、先生たちには元気でやっていただきたいのです。ところが、逆に元気がないのです。これは本当に心配です。先生たちが元気でないと、親の方も思いっきりしゃべることができなくなります。いちいち気を遣ったり、遠慮しいしいしゃべったりするのは、双方にとって好ましいものではありません。

たとえば「障害」児学級に在籍する子どもの交流時数はその子の総授業時数の五〇％を超えてはならない、という通知が石川県教育委員会から出される（今年の三月二七日）など、先生たちの共生教育の取り組みがやりにくくなっているのは事実です。その前の年には「障害」児学級の担任は普通学級の授業を持ってはならない、という通知も出されており、県教委はたて続けに、「障害」児学級の担任とその子どもを普通学級から切り離す方向の通知を出していることになります。「共生教育」に向けての制度改革どころか、これまでのささやかな積み重ねそのものが、次々と削り取られているという、実に厳しい状況です。

普通学級で学ぶ「障害」児については、行政からの支援は一切ありません。どこで学ぼうとその子にとって必要な施策を講じる（たとえば、人を配置したり教材教具を用意したり）というのであればよいのですが、わが国ではそうなっていません。「特殊教育」を受ける場所に行くなら必要な手だてを講じましょう、というのがわが国の方針です。いきおい、普通学級で「障害」児を受け止める場合は、学校側に負担がかかってきます。とりわけ担任の負担は大きくなります。場合によっては、担任一人だけではやっていけないこともあります。そういうときに学校全体での協力体制が取れればよいのですが、それがない場合、担任はたいへんしんどい思いをすることになります。

担任一人に負担がかかるような場合、当然「障害」児本人や家族にしわ寄せがきます。安心して学校生活が送れなくなります。

どこをながめても、気持ちが明るくなる材料がありません。夏まっ盛りなのに、冬の寒さを感じます。

（二〇〇一年八月）

止めたい、共生教育に逆行する動き

現在、「障害」児の教育に関して、極めて憂慮すべきことが進められています。これまで「障害」児の教育はマイナーな問題とされ、広く一般の人々の関心を呼ぶことはありませんでした。その状況は、今もたいして変わっていません。そうしたなかで今、文部科学省が「障害」児の就学手続きの見直し作業を行い、関連する施行令や施行規則の「改正」に、取り組んでいます。

今回の「改正」は、今年一月に出された「二一世紀の特殊教育の在り方について」の最終報告（以下最終報告）を受ける形でなされています。最終報告の前に昨年秋に中間報告が出されましたが、そのとき多くのマスコミは、共生教育の門が広くなったことを評価した記事を載せました。今にして思えば、あのときのマスコミの捉え方は甘かったように思われます。

中間報告を読んだときから、その基本姿勢はあくまでも「分離教育」を堅持するところにあると考え、憤りとともに徒労感も覚えていたので、それがこうして施行令「改正」作業にまでつながってきたとなると、いよいよ切迫した気分にならざるを得ません。

確かに、ある面に関しては、従来より進んだものが出されることが予想されます。それは、たとえば視覚「障害」や聴覚「障害」の子どもたちについてです。医学や科学の進歩により「障害」を補う機器などが開発され、それによって普通学校で学べる子がいる、と最終報告は述べていて、それをもとに見直しがされると思われます。また、バリアフリーの進んだ学校へ車椅子を利用する子が通学することも「適当」と考えられていくようです。

問題は、知的「障害」を持っている子や重複「障害」の子の場合です。文部科学省は、知的「障害」を持っている子どもについては医学や科学の進歩による見直しはない、という姿勢です。また、これまで全国各地で営まれてきた「共生教育」の実績については、まるで考慮に入れる気はなさそうです。

ただ単に前進がないというだけなら「残念」ということで済ますこともできますが、今回の「改正」は、私の目からは「後退」「改悪」と言わざるを得ない部分を含んでいます。それは、次のような点です。文部科学省は、各地の教育委員会が「障害」児の就学先を決める際の参考にできるような見解を作ろうとしています。そのなかに、重度の「障害」が重複している子やその学校の管理下で安全に過ごすことができない子は盲・ろう・養護学校に行くべき、という考えが示されています。さらに、日常的に医療的ケアが必要な子や人間関係形成上問題のある子が普通学校へ入っていくことは違法、という見解を示そうとしています。

介助員を付ければ普通学校で学べる子がたくさんいます。そのことを私たちは、長年にわたって訴えてきました。これについても文部科学省は否定的な見解を示そうとしています。その理由は、一つにはそういう形で「障害」児が普通学校に通うことになれば、普通学校と盲・ろう・養護学校との位置付けがあいまいになってしまう、ということ。二つ目は、国が介助員制度を認めれば保護者などからの要望がどんどんでてきて地方自治体の財政負担が大きくなる、ということ。

文部科学省の人たちは、あくまでも「障害」の種類や程度で子どもを分け続けるらしい。それで、特殊学校に学ぶ子どもたちには多くの予算をかける（普通学級で学ぶ子の一〇倍くらいの金をかけている）が、介助員など「共生教育」を進めるための人員配置などには金をかけようとしません。

このまま文部科学省の見直し作業をながめていたら、この二〇年余りの私たちの取り組みは無に帰してしまいます。「共生教育」の営みは大きな痛手を受けます。動けるだけ動かねば、と思います。

（二〇〇一年一〇月）

これまでも、そしてこれからも――共生教育の実現に向けて

暮れも押し詰まった一二月二六日、文部科学省から「学校教育法施行令の一部を改正する政令案」(以下「改正案」)が出されました。当初、文部科学省は九月中に「改正案」を出すと言っていましたが、全国各地からの多くの人々の声が次々と届けられたりしたこともあり、一二月までずれ込みました。

わが国の法律が「障害」児と「健常」児を分けて教育することを定めている以上、「改正案」がその枠を越えることはあり得ません。そのことは承知の上で、少なくとも現状よりは少しでもましな施行令にしていきたいと考え、私たちは文部科学省に働きかけてきました。

「改正案」に目を通してみて、今回の「改正」の根拠とされているのが、医学の進歩や補助具の性能の向上といった、いわばハード面ばかりであることが、まず気になりました。

私たちが「共生教育」の実現を願って取り組んできたなかで実感してきたことと、「改正案」のそれとはまるでかけ離れていました。私たちが実感してきたのは、「障

害」児に対する周囲の理解の深まりと広がりでした。いわば、ソフト面での変化でした。ハード面での変化は、むしろ少なかった気がしました。

しかし「改正案」は、意識的にか無意識的にか、ソフト面での変化にはまったくふれていません。

二つ目は、次のような点です。前述のように、施行令が法律に縛られる以上仕方がないとも言えますが、「障害」児が普通学校へ入っていけるのは「特別の事情」がある場合、という限定がなされていることです。基本はあくまでも「分離教育」（文部科学省はこうは言わないが）であることがよく伝わる表現がなされています。

「障害」児の就学にあたっては各地の教育委員会が主体的に取り組めばいいので、施行令に「特別の事情」云々の表記などいらないはずです。地方分権と言いつつ、地方を縛ろうとするところが文部科学省にあるように思われます。

ところで、「改正案」に対する石川県内の当事者の声を届けようということで、一月一一日に意見書を提出し、一月一七日には代表九人が直接文部科学省に出向きました。こうした動きは、ここ三〇年近くの運動のなかで初めてのことです。石川県の「共生教育」の歩みのなかで画期的なことです。一二月には、石川県議会各会派の議員の尽力により、「ノーマライゼーションの理念に基づく学校教育推進に関する意見書」が全会一致で採択され、衆議院議長や内閣総理大臣等に送られました。これも私たちの歩みにおいて、たいへん意義深いことでした。「改正案」問題を契機に、石川県内でこれまでになく積極的な動きがみられたことを、大切なこととして記しておきます。

一七日の話し合いは一時間半近くにおよび、それなりに私たちの思いを伝えることができました。とは言え、私たちの力不足で十分に突っ込めないままに終わった点も多々あります。今後の課題にしていきたいと思います。

話し合いの席上、企画官が「これまではあってはならないこととされてきたことを弾力化しようというのが、今回の改正の狙い」という主旨の発言をしました。そうなのです。この二〇数年、私も含めて「あってはならないこと」をやり続けてきた人たちがいたからこそ、ほんの少しとは言え、国がまともな方向へ動いたのです。周囲から非難され、迷惑がられ、非常識と言われながらも、何が大切かを見つめ続け、自分の思いに従って声をあげながら生き続けた人たちが、困難な状況を変えてきました。

冒頭で触れたように、わが国では「分離教育」が原則とされています。この法律そのものを変えていかない限り、私たちの願う「共生教育」は実を結びません。日々の実践と、状況を変えるための運動。この二つを車の両輪として、私たちの歩みを、これからも大切にしていきたいと思います。

（二〇〇二年二月）

子どもをつなげるために

この四月に学校教育法施行令が改正されました。昨年一二月の案とほとんど変わらない内容で、改正案に対して出された各方面からの意見は無視された形です。

もともと学校教育法で「分離教育」の方向が定められているので、その下にある施行令が「分離教育」の方針を貫くのは当然です。私たちの求めている「共生教育」を現実のものにするためには、学校教育法などの法律を変えていくしかありません。法律を変えないままで「共生教育」の実現を目指すことはほとんど不可能です。

ただ、法律が変わるまでの間を何もせずに流れにまかせて生きる、というのでは消極的過ぎます。現行の制度のもとで子どもと子どもをつなげるための方策を考え、その実現に向けて行政や学校との話し合いを重ねていきたいと思っています。

今後、地方分権化が進めば、各地の教育委員会の判断が重みを増します。私たちの運動の質が、これまで以上に問われてきます。それぞれの自治体の教育委員会とどこまで深い話し合いができるか、教育委員会をどこまで動かすことができるか。目の前の課題はたいへん大きなものです。

今私たちの身近な問題として重要だと思われるのは、「障害」の重い子が地域の学校、とりわけ普通学級で学ぶために必要な支援をどういう形で実施していくか、ということです。これまでの二〇年余りの歩みを振り返ると、ほんの少しの前進と相変わらずの高い壁が見えてきます。

これまでは、「障害」の重い子は養護学校へ行くべきである、だからその子を普通学級に入れても行政としては介助者を用意しない、というのが多くの教育委員会の基本姿勢でした。今でもその姿勢は変わっていません。幸いにして学校長や担任が理解のある人であれば、学校内でさまざまな工夫がなされることがあります。私はそうした動きも嫌いではありませんが、当事者にしてみれば不安定なこと、この上ありません。毎年、どんな校長先生がくるのだろうか、担任の先生はわかってくれる人だろうかなどと悩み、不安にかられることになります。

現行の法律内でやれることとして、「必要に応じて、教育委員会が介助者を用意する」という制度をつくることが考えられます。文部科学省の役人は、「各地の教育委員会が右のような制度を作ることを抑え込むことはせず、教育委員会の判断を尊重する」旨を明言しています。

「障害」の重い子は普通学級に入るべきではない、と考えている人は、依然として多くいます。教育関係の人たちの多くもそのように考えています。だからこそ私たちは、ていねいに現実を伝え、理解を求めていく必要があります。「共に生き、共に育つ」ことの素晴らしさを、私たちは数多く見てきました。それを通して私たちは、常識にとらわれない柔軟な心を持つことの大切さも学んできました。自分たちの見たことや学んだことを、身近な人たちに、できるだけていねいに語り伝えていかなければなりません。

「分離が当たり前」の学校教育を「一緒が当たり前」の学校教育に変えていくのは、並大抵なことではありません。今、学校はてんやわんやの状態です。下手をすると「障害」児の問題は隅の方に押しやられてしまいかねません。こんな状況で声を出していくことは、決して楽なことではないでしょう。でも、ゴチャゴチャと動いているときはチャンスでもあります。一人ひとりが自分の「仕事」をしっかりやっていきたい。

（二〇〇二年六月）

まだまだだなあ

九月一六日に文部科学省へ行って来ました。「障害児を普通学校へ・全国連絡会」から文部科学省へ特別支援教育に関する質問状を出してあったので、それへの回答を聞くと同時に、こちらからの要望を伝えるためでした。

今年の三月に、特別支援教育の在り方に関する調査研究協力者会議から「今後の特別支援教育の在り方について（最終報告）」が出されました。その最終報告には、これまでの「分離一辺倒」の考えとは異なる方向が少し出されています。法律も変えて、これまでのものとは異なる制度をつくることも提案されています。

たとえば、次のようなことが提案されています。

① 障害の程度や種類に応じて特別な場所で教育を行う特殊教育から、一人ひとりの子どもの教育的ニーズに応じた教育を行う特別支援教育へと転換を図る。

② どの子も通常学級で受け止める。その上で、一人ひとりの教育的ニーズに応じた教育を受けられるようにする。

③　盲・聾・養護学校という区分けをなくし、地域の特別支援教育のセンター的役割を果たすものとして「特別支援学校（仮称）」を置く。
④　特殊学級をなくし、代わりに「特別支援教室（仮称）」を置く。
⑤　各学校に、「特別支援教育コーディネーター」を置く。コーディネーターは、学校内の調整や学外の諸機関との連携・調節の役目を担う。
⑥　一人ひとりの「個別支援計画」を策定して取り組む。

特別支援教育というものは、果たして、私たちが長年求めてきた「共生教育」と同じものなのか。それとも、従来の「特殊教育」の、ちょっとしたモデルチェンジなのか。何よりもこれが気になりました。そのことを直に確かめたくて、わざわざ東京まで出かけたのですが、「まるで手応えなし」、が率直な感想です。

文部科学省の企画官によると、内外の諸情勢を考慮して、これまでの「特殊教育」から「特別支援教育」に変えることにしているらしいのですが、あまりに抽象的で、よくわかりませんでした。突っ込んで聞こうにも設定された時間がとても短く、中途半端なままで次に進むしかありませんでした。霧の中にいるような感じでした。

一人ひとりの教育的ニーズに応じた取り組みの必要性が、最終報告には何度も何度も記されています。「個別の――」というのは、今「障害」者福祉の分野でもやかましいほどに言われています。「そんなこと、今さら言われなくてもいいよ」と言いたくなるほどです。現場で「障害」を持つ子どもとかかわっていれば、一人ひとりの課題や興味・関心・性格・家族の人たちの思いなどを把握するのは当たり前のことです。

問題は「個別の教育的ニーズ」を誰がどのように把握するのか、そしてそれに基づいた教育をどこで保障するのか、です。とくに、教育の場所が気になります。

普通学級でみんなと一緒に教育を受けたい、と本人や保護者が言ったとき、それに必要な人的物的支援のための費用を、国は出すのかどうか。国は、分けた場での教育にしか金を出さないのかということです。

私は繰り返し、右の問いかけをして答えを求めたのですが、明確な返事はありませんでした。企画官の言葉のニュアンスでは、「普通学級での支援の費用は、各自治体で」、ということでした。基本姿勢は少しも変わっていない、と思わざるを得ません。まだまだです。

（二〇〇三年一〇月）

ようやく愛生園の地を踏んで

長年の願いがようやく叶《かな》い、岡山県の長島愛生園を訪れることができました。長島愛生園は、ハンセン病の元患者のみなさんが生活している療養所です。ハンセン病の元患者は、全国にある一五の療養所に約四四〇〇名いるそうですが、そのうち五〇〇名余りの人たちが長島愛生園で生活しています。

岡山の「障害」者施設で働いているSさんに案内していただき、一〇月三一日、ひまわり教室の職員などと共に長島愛生園を訪れました。もっと早くに訪れるべきだったのに、という思いを抱きながらの訪問でした。長島はキラキラと輝く海に囲まれた、とても美しい島でした。そこで数知れぬ悲劇があったことなど、信じられないほどの穏やかな風景が、私たちを迎えてくれました。

愛生園ではまず、元患者さんのTさんから、一時間ばかりお話を聴かせていただきました。Tさんは、ハンセン病の人たちが長年にわたって受けてきた非人道的な扱いの数々を、静かな口調で語ってくださいました。ハンセン病が、らい菌という感染力の弱い菌によって伝染する病気であること。治療法が開発されたにもかかわらず、元患者のみなさんが長年隔離され続けてきたこと。療養所では、患者や元患者の人権を無視した扱いが、長年続けられてきたこと。たとえば、結婚したときは断種手術を受けさせられたことや、結婚しても独立した建物が与えられず、何組かの夫婦が同じ部屋で夜を共にしたことなど。

Tさんの口調が静かなぶん、よけいにハンセン病に罹った人たちが受けてきた差別のむごさが、深く強く心をうちました。この国で、自分が生きていた同じ時代に想像を絶する非人道的なことが行われ、その一方で、その仕打ちに耐え闘ってきた人たちがいる。人間性の回復を訴え続けてきた人たちがいる。その人たちの存在を知りながら、自分は長い間何もしてこなかった。自分はいったい何をしていたのだ。そう思うと、涙を禁じ得ませんでした。元患者のみなさんへの申し訳なさで、胸がいっぱいになりました。

Tさんのお話のあと、園内を案内していただきました。広いため、マイクロバスでの移動でした。ちょうど美術展の最終日ということで見させていただき、そこにいたサークルの人たちと、しばしの歓談の時間を持つことができました。一枚一枚の絵を前に、あちこちで話の花が咲き、賑やかでした。

愛生園には、納骨堂がありました。万霊山の頂にあった、美しい納骨堂。この納骨堂が、ハンセン病にかかった人たちへの世間の差別のむごさを、何より雄弁に語っているように思われました。差別のなかで死に、骨になっても故郷へ帰ることのできなかった、数多くの人々。すっかり病気が治り、本当は堂々と生きていけるはずなのに、世間の偏見と差別の厚い壁に拒絶され続けた人々。その無念さや悲しみはいかばかりだったろう。そう思うと、胸がしめつけられました。納骨堂に向かって合掌しながら、わびることしかできませんでした。

長島の対岸には、白壁の別荘が立ち並び、瀬戸内の風景は美しく、その穏やかな空気と美しい風景が、かえってこの島で行われた所業のむごたらしさと、その犠牲になった人たちの悲しみや痛苦の深さをきわ立たせるのでした。ハンセン病の問題を、わがこととして受け止めていこう。島の空気を吸い、改めてそう思いました。

（二〇〇三年一一月）

力によらないで道を開きたい

アメリカがイラクに侵攻して、まもなく一年がたとうとしています。わが国の政府は、早々とアメリカの武力行使を支持し、その流れの中でついに自衛隊が戦闘中の国に足を踏み入れました。

アメリカのイラクへの侵攻は、国連を無視した、極めて強引なものでした。イラクが大量破壊兵器を所有していること、イラクがテロリストと密接なつながりを持っていることなどが、武力行使の理由でした。それが緊急を要するものであることが、ブッシュ大統領などによって、連日のように叫ばれていました。

そういう話を聞いた時でも、私は武力行使による解決には賛成できませんでした。平和ボケとやゆされようと、私は、武力によって相手の国を破壊する行為を、容認することはできません。その国には、多くの人々が生活しています。武力で侵攻することは、その国に住んでいる多くの人々の生活を壊してしまうことです。戦闘のなかで、罪のない多くの人々の命が奪われていきます。そのことを想像するだけで、苦しくなります。もし自分が攻められる立場になったら、と考えてみるだけで身がすくみます。

アメリカなどの武力行使と、それを早々と支持した小泉首相の姿勢に対して、私は私なりに反対の意思を表明しなければならない、と思いながら、何一つせずに一年近くを過ごしてしまいました。そんな自分を情けなく思います。

ここへ来て、イラクに大量破壊兵器がなかった可能性が高いことが、関係者の口から話されるようになりました。フセイン大統領が許しがたい残虐な政治家であるにしても、今すぐに武力行使をしなければならない程の切迫した状況ではなかった、という報告もなされました。

私も、フセイン大統領が過去に行ったであろう、さまざまな残虐行為は許せません。それについては、しかるべき手続きのもとで、明確に裁かれるべきだと考えています。そのことと、今回の武力行使とは分けて考えるべきです。繰り返しますが、ある国へ武力で侵攻すれば、被害を受けるのはその国の人々です。生活を壊され、場合によっては命を奪われます。そんなことをする権利を与えられている人などいないはずです。

テロリズムは、まったく関係のない人々の命を奪います。こんなひどいことが許されていいはずがありません。では、テロと闘うという名目のアメリカやイギリスなどの武力行使は是とされるのでしょうか。私は、これにも「ノー」です。

自分たちの主張を通すために「力」を行使するというやり方を、私は採りたくありません。相手のあまりに理不尽な行動に対して、止むなく抵抗しなければならない場合があるかもしれません。しかし、基本的な姿勢として、「力」によって何かを成し遂げるというやり方を、私は好みません。

「障害」のある子らと共に生きるなかで、数え切れないほどの差別を見てきました。差別する人を目の前にして、私は「力」では差別はなくならないことや「力」で人の心は変えられないことを実感してきました。

国と国、宗教と宗教、文化と文化の衝突には、私などには考えられないほどの複雑な要素がからみ合っていることでしょう。単純に黒白をつけられるとは思いません。だからこそ、「力」によって抑え込むやり方は極力避けるべきです。

国際的な問題から個人的な問題まで含めて、私は、「力」にものを言わすやり方には反対です。「力」と「力」の闘いは、憎しみの連鎖を生むだけです。「力」に頼むよりも、人としての在り方に目を向け、理解し合う努力をしたいと思います。たとえそれが大きな困難を伴うとしても、私はそちらの道を歩みたいと思っています。

（二〇〇四年二月）

心穏やかにはおれぬ流れが

今年は、夏から秋にかけて、天変地異が続きました。梅雨時の大洪水、その後は連日の猛暑。いつまで続くのかと思っていた暑さがようやく過ぎ去ったと思ったら、今度は度重なる台風の襲来で、全国各地でたいへんな被害が出ました。石川県ではそれほどの被害は出なかったものの、テレビや新聞で被災地の様子を見ながら、そこに住む人々のこれからの生活のことを思うと気持ちが重くなりました。

そして、一〇月二三日の、新潟中越地方の大地震。この日はちょうど石川県教育研究集会の日で、会場から帰る途中のラジオから流れてくるアナウンサーの声を聴きながら、身を硬くしていました。その後テレビから流れてくる映像は、想像以上のものでした。十日町市の知人にすぐ電話したのですが、まったくつながりませんでした。被災地は雪の多い所で、これから冬にかけて現地の方々のご苦労はさぞかしと思います。

天変地異はひまわり教室の活動にも、ほんの少しですが影響を与えました。平地ではそれほどの被害もなく過ぎたのですが、うち続く天災は山の植物に相当なダメージを与えたようで、そのあおりを食らった熊たちが里の方へ降りて来ました。柿の実を食べたり家の中にまで入って残飯をあさったりと、これまでになかった動きぶりです。教室から散歩に出かけている里山にも熊が出没しているため、ついにこの秋には山の中へ散歩に出かけることができませんでした。例年なら腹一杯食べるはずのアケビを、今年はほんの一、二個しか食べることができませんでした。止むなく教室からの外出先は、どの日も街中の公園などで、こうしたことはひまわり教室始まって以来のこと。熊の話は一一月末になっても連日のように新聞に載っていて、例年の倍以上も殺されている現実に思いは複雑です。

かつてない自然の猛威にその力の大きさを感じ、それに比して人間がいかに小さいものかを実感しつつ暮らしていますが、不思議なことに自然に対しては怒りの感情は起こりません。むしろ、人間のおごりを正さなければと思います。

ところが、ちょうど時を同じくして経験した人間の営みの理不尽さに対しては、心穏やかにはおれませんでした。

あちこちで、「障害」の重さを理由に子どもたちが切り離されています。一つひとつについて詳しく書くことはできませんが、あちこちで見られるできごとの根底には、「この子はここに来るべき子ではない」という先生たちの思いがあるように思われます。「子どもと子どもをつなげていこう。これまでに前例がないのであれば、私たちの手で新しい歩みを創り出していこう」。かつてそんな熱い思いを持った先生たちが私たちの身近で共生教育の流れを創り出し、その流れを広くしていきました。ところが、この夏から秋にかけて私が見聞きしたものは、そうした動きとはまるで異質のものでした。

私がこの四、五か月で見たのは、先生たちの消極さと冷たさでした。「この子はこの程度」「この子には、これ以上無理」と、先生の方であらかじめ決めてしまい、挑戦しようとしないのです。また、「この子がいると、ほかの子に迷惑」と考えてしまう先生もいました。そうした先生たちの言葉からは、切り離される子どもの悲しさを思いやる心は感じられませんでした。むしろ、自分たちは被害者だと言いたげでした。「自分の学校の子どもとして、しっかり受け止めていこう」。そう思ってこそ、さまざまな子どもと共に歩めるのですが、そうした受け止めの姿勢は感じられませんでした。

共生教育の流れはある程度見られるとはいうものの、それはまだまだ細く、心許ないものでしかないことを痛感させられた数か月でした。

さすがに松任市やその近隣の町では、右のようなことは起こっていません。石川県教職員組合のなかで、石川支部の先生たちの共生教育の実践は、しっかりと地に根を張ったものとなっています。

多くの先生が、「障害」のある子やその家族としっかり向き合い、誠実にかかわり、子どもと子どもをつなげる実践を積み重ねてきました。そこには勇ましいスローガンや派手な動きはありませんが、足を地につけ誠実に生きようとする姿があります。

あちこちでの胸の痛む話を聞いていた時期だっただけになおのこと、石川県教職員組合石川支部の教育研究集会での語り合いには心がなごみ、深く励まされました。

今、私たちのところでも「特別支援教育」が流行しています。行政も現場も、口を開けば「特別支援教育」です。とても魅力的なことが始まるかのように言われることもあれば、とまどいながら語られることもあるのですが、ともかくこれを抜きには「障害」児の教育は語れない、というところにまで来ていることは確かです。

私は「特別支援教育ではなく、共生教育を」と考えているので、今のような流れを見ていると、心穏やかにはおれません。

どの子も一緒にいて、共に活動し、ワイワイガヤガヤとかかわり合い、時には横道にそれたり、後戻りしたり、ずっこけたりしながら学び合い、育っていけたらいい。そう思っている私には、特別支援教育はあまりにも管理的・分断的で、効率追求的に思われ、息苦しくて仕方ありません。やたらと専門家が登場することにも違和感を覚えます。

子どもの育ちに付き合う際に管理や効率を求めるのは、非常に危険です。それは、教育の自殺行為です。子育てに整い過ぎはよくありません。ところが、これからの「障害」児の教育は、そうした流れの方にもっていかれかねません。先生たちのなかにはそうした流れを待望する声があるようですが、今一度、子どもを育てることの根本に立ち返ってほしい。

そして今、教育基本法が変えられようとしています。昨今の子どもをめぐるさまざまな問題の責任を、教育基本法におしつけようというわけです。個の尊重ばかりが言われて、公のことを考えない人間をつくってしまったということで、「国を愛する心」を育てることの必要が力説されています。「国を愛する心」の究極は「国のために命を捧げることをいとわない心」、ということで、教育基本法とともに変えられようとしている憲法第九条のことを思う時、一連の動きに安穏としておれません。

教育基本法の改定の背景として、もう一つ大きな問題があります。エリートをしっかり育てよう、ということです。これまで頭のよい子は他の子らと足並みを揃えさせられて、十分その能力を伸ばすことができなかった。これからは、エリートが育つ学校教育を進めていこう。それが、今度の改定のもう一つの狙いでしょう。

特別支援教育も、そうした序列主義、能力主義的教育指向の一環です。私たちの目指す共生教育とまるで正反対のものです。座視してはおれません。（二〇〇四年一二月）

強者の自由の拡大でしかない

今私たちの国ではさまざまな規制が緩和され、いろんな分野で自由な競争が奨励されています。自由な競争により経済活動などが活性化する、ということのようです。私の身近でも大型スーパーが消費者をどんどん吸収して、旧来からの小さなお店はひっそりとしていきます。なかには店をたたんだ所もいくつもあります。まさに、弱肉強食の様相を呈しています。以前ののどかな光景はすっかり影をひそめています。また、年功序列制を廃止してその人の能力や実績によって昇給の幅や時期を変えたりして、労働者をたがいに競わせようとする傾向が見られるのも、昨今のわが国の風潮です。

どうやら為政者や資本家たちは、人は元来怠け者だから飴やむちを与えたり競争させたりしないと働かない、と考えているようです。私は基本的にこうした考え方に立っていませんし、競争することが嫌いなので、昨今の風潮を肯定できません。

こうした競争原理が、ついに教育の領域にまで侵入してきました。国立大学が法人化されて、各大学が特色を出すように求められています。石川県では公立高校の現場に対して同じようなことが求められ、現場の先生たちはずいぶん苦労しているようです。嫌な世の中になったな、と思います。

そして今、もっと嫌なことが私たちの身近で起こっています。金沢市教育委員会が、中学校の学校選択制を導入しようとしています。早ければ来年四月からスタート、とのこと。東京の一部の区などで選択制が導入されていることは知っていたものの、まさか自分たちの足元でそれが実施されるなどとは考えもしませんでした。

金沢市教委が考えているのは部分的選択制ですが、部分的だからよい、というものではありません。金沢市教委のパンフには、これまでは否応なしに行政の決めた学校に行かなければならなかったが、これからは子どもや保護者の意思で学校を選ぶことができます、という主旨のことが書かれています。選択制が子どもや保護者の自由を広げる、とてもいい制度であることを訴えようとしているのでしょう。でも、ほんとにそうでしょうか。

選択制導入に伴い、各中学校は特色ある学校作りに励むことを求められるでしょう。いよいよ義務教育の領域にまで競争原理が侵入してきます。それにしても、どんな特色が出せるのでしょうか。たとえば「共生教育の充実」を掲げる学校があったとして、そこを多くの「健常」児や保護者が選ぶとは思えません。ひょっとしたら「障害」児やその保護者は選ぶかもしれませんが、そうした選び方は、私たちがもっとも遠ざけようとしてきたものです。いいとこ捜しはやめよう、地域の学校に「障害」のあるわが子をつなげ、共に生きる学校にしていこう。これが、長年私たちが訴え続けてきたことですから。

特色を出すとしたら、英語教育に力を入れているとか、「いい高校」へ入る生徒が多いとかになると思われます。要するに「学力」の面での特色です。もう一つは、部活が盛んで成績がいい、ということ。

こうした特色のある学校が他校区の生徒を一部受け入れると言ったとき、応募する生徒の顔ぶれは自ずと想像がつきます。「障害」のある子や「低学力」の子は希望しにくいでしょう。つまり、部分的なものであれ学校選択制は義務教育の中で、「強者」と「弱者」をより際立たせ、「強者」の自由を拡大する制度になっていきます。こうした制度は、私の目指す「共生教育」とまったく相いれないものです。

いろんな子がそれぞれの思いや「荷物」を持ちながら共に生きていける学校づくりこそ、私たちが求めているものです。その方向に向けて、これからも歩み続けたいものです。

（二〇〇五年一〇月）

＊追記　二〇〇六年度に金沢市教委は、この制度を始めましたが、結局一〇年間で廃止にしました。

子どもたちの明日のために

「格差が出るのは別に悪いこととは思っていない」と言う首相の進める改革政策のもとで、あちこちにさまざまな矛盾が出ています。

行き過ぎた規制緩和にあえぐ人々、毎年三万人を超える自殺者、四年で四割も増えた就学援助家庭、低賃金など不安定で不利な条件下で働かされるパートタイマーの増加…。

首相は、同じ日の国会答弁で、「悪平等を正して、能力のある人たちにチャンスを与えるようにしたい」旨の発言もしていました。

最近続発している不正事件は、激しい競争に勝つためには手段を選ばず、他人のことなど考えようとしない人たちの手になるもので、まさに今のわが国の政治経済のありようを象徴するものです。

私たちの社会の進み方はとてつもなく速く、ちょっと前にもてはやされた新製品が今ではもう古い、といったことが頻繁に起こっています。街中には欲望をかきたてる商品があふれていて、人々は満足することが難しくなり、さらに新しいものを求め続けています。

生活のテンポはどんどん速くなり、より高い効果が求められるようになっています。そしておもしろいことに、便利になって以前よりずっと多くの時間的余裕を持てるようになっているはずなのに、人々はますますせき立てられるように生きています。ものが豊かになり便利になったのに、私たちの国は少しも心豊かな国、うるおいのある国になっていないようです。

人によっては、今のような社会の方が刺激があっておもしろい、能力のある者が勝って、ない者が負けるのは当然のことだ、と考えるかもしれません。

その人たちにとっては、福祉の世界にまで市場主義・競争主義の考え方が入り込んできた今日の状況は、好ましく映るかもしれません。学校の先生を査定して昇給などに差をつける制度の導入も、評価すべきことなのかもしれません。

しかし私は、どうしても今の社会のありようを良しとする気にはなれません。「個性尊重」の風潮と共に一人ひとりがバラバラに切り離され、支え合いよりも競い合いが優先され、優勝劣敗が当然とされる今の社会が、多くの人々にとって息のしやすい世の中とはとうてい思えません。とりわけ子どもたちにとっては。

今の国会で特別支援教育に関する法律案が審議される見通しですが、文部科学省の考えている法律案は、基本的には「障害」のある子とない子を別々の空間で教育する、という従来の「特殊教育」の考えと軌を一にしています。相変わらず国は、子どもと子どもを分けることに固執しています。その一方で、「健常」児には競争的雰囲気の中での教育を推し進めています。

私は、人と人を切り離そうとする施策には、基本的に反対です。とりわけ子どもと子どもを分ける施策には、強く反対します。

多様性のなかでこそ、豊かなものが花開きます。子どもも大人も、さまざまな人々が交じり合い支え合って生きることが、人間としての豊かさの源です。

学校教育に関しては、まずもってどの子も地域の学校の普通学級で受け止める。もちろん、そのための人的物的条件をしっかり整える。私たちは、ここから出発すべきなのです。小さいころから、いろんな子どもが「共に生き、共に育つ」ことで、子どもたちの心のなかに、たがいを思いやったり支え合ったりする心が育まれていくはずです。

切り離されて競争し合う社会から、いろんな人々が共に生きる社会へ変えていくために、これからも微力を注ぎたい。私自身のために、そしてなによりも子どもたちの明日のために。

（二〇〇六年二月）

大切にしたい共同性

人は一人だけでは生きていけない。そんなことは、あえて言うまでもなく当たり前のことです。ところがものがあふれる世の中になり、生活が隅々まで便利になってしまったために、共同性の大切さが忘れ去られているように思われます。

確かに、一人で自由に動く方が気楽です。他人に気兼ねすることなく、自分の好きなようにやっていけばいいし、他人のことを気遣う必要もありません。今の世の中は、一人で好きなように動きたい人には都合のよい世の中です。ぜいたくさえ言わなければ、食べることで困ることはまずありません。身に着けるものも巷にあふれています。選ぶのに困るほどの大量の衣服が店内に陳列されていて、しかもけっこうリーズナブルです。住む場所にしても移動手段にしても、どんどん快適になり便利になっています。その意味で、戦後六〇年の間に私たちはかなりのことを達成してきたのだと思います。

ただ、ものごとにはいつも表と裏があるもので、右のような成功の裏で人と人のつながりの希薄化、もっと言えば断絶が進んでしまいました。昔は誰もが貧乏だったので、助け合うしかありませんでした。一つのものをみんなで使いました。たとえば田植えの準備のために田を耕す際、私の村では何軒かが共同で山の村から馬を借り、馬にすきを引かせて田を耕しました。馬の世話はたがいに協力してやっていました。毎年春になるとわが家の横に臨時の馬小屋ができました。そこへ借りた馬が入り、私たち子どもも馬の顔をなで、自分で摘んできた草を食べさせることができました。田植えは、親類どうしが集まって、一軒一軒の田んぼに苗を植えていったものです。だから子どもの私でも親類の田んぼがどこにあるかを覚えていました。

やがて農村に機械化の波が押し寄せると、農作業はどんどん個人化していきました。そして今、農業は大型機械を持つ農家によって営まれるものとなり、以前のような結び付きはほとんどなくなりました。

こうした現象は、農村だけでなくわが国のあちこちで見られました。都会でも田舎でも、生活が便利になったのと反比例するように、人と人の結び付きが弱くなっていきました。変化の様相はさまざまでしたが、変化の方向は一つでした。

私は、昔がよかったからそこへ戻ろうと言いたいのではありません。そんなことができるとも思っていません。昔の農村は近所や親類どうしのつながりが強い分、複雑で重苦しい人間関係がありました。また、強い縦の関係のなかで抑圧を強いられる人たちも多くいました。そうしたこともたっぷり見てきたので、昔に戻ればいいと考えたことはありません。

ただ、昨今の人と人を切り離す傾向をそのままにしておいていいとは思えません。生活のさまざまな局面で、共同性を大切にし、支え合いながら生き合う姿を大切にしなければならない。

たとえば、今年度からスタートした特別支援教育では、さかんに「個別支援」という言葉が使われています。いろんな子どもたちが同じ空間の中でぶつかったり支え合ったりしてたがいに育ち合っていく姿が、特別支援教育に関する文書ではほとんど見えてきません。しかもこの「個別支援」は、子どもと子どもを分けることを前提としています。「障害」児ばかりでなく、その子の必要に応じた支援を必要とする子は多いと思われます。その子どもたちを包み込んだ学級づくり、学校づくりが目指されるべきだと思うのですが、昨今の学校教育をめぐる議論ではそういう視点が弱いようです。一人の人間の問題を、その個人の問題に還元してしまわない感性が、今求められています。

（二〇〇七年八月）

共生の教育に向かうのかどうか――今、大きな山

私たちが長年待ち望んできた、いろんな子が「共に生き、共に学び、共に育ち合う」教育制度がわが国に誕生するのか、それとも「障害」児と「健常」児を分ける特別支援教育がそのまま続いていくのか。今私たちは、とても重要な局面を迎えています。

二〇一〇年六月七日に、「障がい者制度改革推進会議」が「障害者制度改革のための基本的な方向（第一次意見）」を発表しました。推進会議は昨年の政権交代により設けられた会で、二四名の構成員のうち一四名が「障害」当事者と家族という、画期的な会です。一月一二日に第一回目の会合を開いたのを皮切りに、たいへん精力的に審議を重ねています。私はそこで話し合われていることに大いに共感し、励まされたり教えられたりしながら会の動きを注目してきましたが、とりわけ教育の領域に強い関心を寄せてきました。

これまでも繰り返し書いてきたことですが、わが国は明治以来一貫して分離教育を進めてきました。一九七九年に養護学校教育が義務化されるまでは、「障害」の重い子は教育を受ける機会を剥奪されていました。諸外国もわが国とさほど事情は変わりません

でしたが、七〇年代以降、いくつもの国が原則統合の方向を目指して法改正などを重ねてきました。一方、わが国の政府は一九七九年に、「障害」の種類と程度によって子どもの学ぶ場所を分けるという、とんでもない制度をつくったのです。

この「義務化」に対して、全国各地で抗議の声があがりました。私も、ダウン症の長男の就学をめぐって、松任市教育委員会や石川県教育委員会の人たちと厳しいやり取りをしました。学校の先生たちとも、腹が痛くなるような話し合いを重ねました。そのあげく私は、周りの人たちからいろんなレッテルをもらうことになりました。

当時の空気を今の若い人たちに想像してもらうのは、ほとんど不可能でしょう。それほどに、状況は過酷を極めていました。私はただ、「障害」のあるわが子と共に地域で生き、わが子を「松任の子」として育ててやりたかったのです。「松任の子」として育てようと思えば、みんなと同じように松任小学校・松任中学校へ通わせるのがごく自然なことです。こんな単純な道理が、関係者（行政・専門家と言われる人・現場の先生）にはわからなかったようです。私には「わからない」ということの方が不思議でした。

自分自身の経験を通して、私は「『障害』児の教育は、差別の問題を抜きにしては語れない」と強く確信しました。「障害」が重いというだけで、他の子らが当然のこととして通う学校へその子は通えない。そして、強制的に就学先が決められる。これが差別でなくてなんでしょう。
「義務化」の前から私は、「どの子も通えるような保育所や学校にしていかなければならない」と言っていましたが、「義務化」以降、その思いは年ごとに強くなりました。「障害」児やその家族がどれほどのひどい差別を受け続けてきたかについては、書くと切りがないのでやめますが、とにかくむごい言葉や冷たい仕打ちが何十年にもわたって浴びせられてきました。

共生の願いの前に立ちふさがる大きな壁と闘うために、私は仲間の人たちと「つながりの会」という小さな会を作り、共に歩んできました。「つながりの会」という名前には、いろんな思いが込められていました。「地域の学校から切り離されそうになっているわが子をなんとしても地域の学校につなげたい」「子どもと子どもをつなげたい」「厳しい現実を少しでも変えていくには、親たちがつながり合っていかなければならない」「親と先生がつながってこそ、子どもがいい学校生活を送っていける」「先生どうしがつながってほしい」等々です。

「義務化」前後から私たちと同じような思いを持って生きる親や先生たちが、全国各地でそれぞれに運動を重ねてきました。それらの運動が、厳しい現実を変えていくのに少なからぬ力となりました。

国の内外の事情をにらんで、二〇〇七年に文部科学省は従来の特殊教育という衣を捨て、特別支援教育という新しい衣を着せました。以来、特別支援教育は乾き切った山に火がついたかのような勢いで、全国の津々浦々に広がっていきました。

衣替えはあくまでも衣替えで、その本質は何も変わっていない（つまり、依然として、「障害」の種類と程度による振り分けが続いている）のに、まるですっかり新しい制度になったかのように錯覚している人たちがたくさんいます。

しかし私は、特別支援教育の充実が子どもたちに明るい将来を約束するとは、とうてい思えませんでした。文部科学省は分離教育制度の延命を図りました。基本的なパラダイムを替えなければならないのに、小手先だけの変化ですませようとしている。

特別支援教育を超えて、どの子も地域の子として受け止める「共生教育をベースにしたインクルーシブ教育」をなんとかして実現させたい。それが私の願いでした。

そこへ政権交代。そして推進会議の誕生です。いやが応にも、期待が高まりました。そして実際、推進会議は第一次意見で、どの子も地域の学校の通常学級に籍を置くことを原則とする方向を打ち出しました。

こうした推進会議の意見に文科省がおとなしく首肯するわけがありません。七月に「中央教育審議会初等中等教育分科会特別支援教育の在り方に関する特別委員会（特特委)」を立ち上げ、特別支援教育を充実させる方向でまとめようとしています。推進会議の打ち出しているのは、「原則統合」「インクルーシブな（どの子も排除しない）教育」の実現です。これは衣替えではすまない、本質的な変革です。一方、文部科学省はなんとしても特別支援教育制度を守りたいようです。

この一二月に特特委としての意見がとりまとめられる、とのこと。これまでのところ「通常学級、特別支援学級、特別支援学校といった具合に、いろんな選択肢を用意する」というあたりで決着を図りたいようです。「原則として、どの子も地域の学校の通常学級に籍を置くこととする。希望すれば特別支援学校へ通うこともできる」という推進会議の意見こそ、どの子も排除しないインクルーシブ教育の実現を目指す、国連の障害者権利条約の理念に添うものですが、文科省はその方向には動きたくないようです。

三〇年以上にわたって待ち望んできた、共生教育をベースとした学校教育制度がわが国で実現するのか、それとも特別支援教育制度がそのまま続いていくのか。ここ一、二か月が、大きな山です。

この機会に、子どもと子どもを分けない教育制度を実現させることができなかったら、私たちはまた何十年もの間、思い荷物を背負い続けなければなりません。それはもうごめんです。

（二〇一〇年一二月）

未曾有の天災と人災を前にして

去る三月一一日の午後に起きた東北・関東大震災は、私が想像もしたことのないような激しいものでした。

この日体調を崩して寝ていた私は、夕方知り合いに電話してはじめて、東北地方に大きな地震があったことを知りました。「金沢も揺れたよ」という話も聞いたものの、寝ていて揺れを感じなかった私は「へーっ」と答えただけで、たいしたこととも思っていませんでした。

しかしその後テレビから流れてくる映像を見て、私は言葉が出ませんでした。津波が猛スピードで街を襲い、車どころか家までも軽々と流し去っていく映像は、まるでこの世のものとは思えないものでした。一〇メートルを超える津波によって街全体が壊滅したり、数え切れない人々が命を奪われたりしているというニュースに接するたびに、ただただ嘆息するばかりでした。

この大震災で犠牲になった多くの人たちのご冥福をお祈りすると共に、いつまで続くかわからない避難所生活を続ける、二〇万人を超えるみなさんや、なんとか住宅は確保したものの日常とかけ離れた環境のもとで不自由な生活を余儀なくされている被災地のみなさんに、心からお見舞い申し上げます。遠くから、ささやかですが、私たちのできる限りの支援をさせていただこうと思います。復興までは長い長い年月を要するのは確かで、その間、息の長い支援・応援をしていきたい。

地震と津波によって、ついに恐れていたことが現実になってしまいましたが、こちらの方は明らかに人災です。東京電力の福島原子力発電所の事故は、人間の力でなんでもできると思い込んできた人たちの傲慢さが引き起こしたものであり、どう言い繕っても人災以外の何ものでもありません。

原発が人間のコントロールできない状態になり、次々と爆発が起き、放射性物質が外部に漏れ出すという大惨事に、「そら見たことか」と言いたいところですが、原発事故を目の前にしては、そんなことを言っておられません。原発事故では、原発推進派の人も反対派の人も分け隔てなく被害者となります。日常生活を奪われ、命の危険にさらされることになります。

原発事故に関連して、多くの関係者が「想定外」という言葉を使っていましたが、この言葉を見聞きするたびに怒りの感情が湧き上がるのを禁じ得ませんでした。自分たちの採ってきた対策は万全であったと言いたげなもの言い、問題は想定もしなかった地震・津波の方にある、と言わんばかりの態度に平静ではおられませんでした。

およそ人間のすることに、絶対などと言えることはありません。唯一言えるとしたら、生まれた者は必ず死ぬ、ということだけでしょう。自然の前には、私たちは小さな存在でしかありません。原発という非常に危険なものをつくる時には、どれだけ用心深くしても、どれだけ謙虚になっても過ぎるということはありません。

いったん原発事故が起これば、直接被害に合うのは近隣の住民です。また、現場で復旧作業にあたる人たちは、常に健康と命がおびやかされるという厳しい条件下で困難な仕事を担うことになります。そうした困難な仕事が下請けの人たちに押しつけられる現実にも憤りを覚えずにはいられません。原発事故は、それにかかわる人たちの間の差別の問題もあぶり出してきます。

（二〇一一年四月）

共生社会に向けて大きな一歩——改正障害者基本法の成立

七月二九日と三〇日に、日本教職員組合の北陸・近畿・東海の三つのブロック合同の障害児教育学習会が、私の住んでいる白山市であり、私も参加しました。

二九日には、内閣府の「障がい者制度改革推進会議」の尾上浩二さんの講演がありましたが、まさにその日に改正障害者基本法が参議院本会議で可決され、成立しました。

新しい障害者基本法はその目的に、障害のある人とない人が共に生きる社会の実現を掲げています。二〇〇九年の政権交代により発足した「障がい者制度改革推進会議」の提言を受けての新法は、わが国の障害者関連の法律のなかで画期的なものとなりました。「共生社会の実現」は私たちが長年にわたって訴えてきたことであり、それが基本法の目的条項の中に明確に記されたことに、深い感慨を覚えます。

新法のなかで「障害者」の定義がなされていますが、これも従来のものと全く質を異にした、極めて重要なものです。旧法と新法を並べてみます。

【旧法】

第二条（定義）

この法律において「障害者」とは、身体障害、知的障害又は精神障害（以下「障害」と総称する。）があるため、継続的に日常生活又は社会生活に相当な制限を受ける者を言う。

【新法】

第二条（定義）

この法律において、次の各号に掲げる用語の意義は、それぞれ当該各号に定めるところによる。

一　障害者　身体障害、知的障害又は精神障害（発達障害を含む）その他の心身の機能の障害（以下「障害」と総称する。）がある者であって、障害及び社会的障壁により継続的に日常生活又は社会生活に相当な制限を受ける状態にあるものをいう。

二　社会的障壁　障害がある者にとって日常生活又は社会生活を営む上で障壁となるような社会における事物、制度、慣行、観念その他一切のものをいう。

旧法の定義が「医学モデル」の視点からなされているのに対し、新法のそれは「社会モデル」の視点を取り込んでなされています。医学モデルは障害を個人の属性の問題として捉え、障害の克服のための個人的努力を求めます。それに対して、社会モデルは、「障害を個人の外部に存在する種々の社会的障壁によって構築されたものとしてとらえる考え方」(第一次意見)です。

この視点の転換を、私は心から待ち望んできました。それだけに新法の定義に深く共感し、励ましを感じています。

私はかつて、レポートの中で次のようなことを書きました。少し長くなりますが、引用します。

――私には、七年近い知行との暮らしの中で、確信できるようになっていることがあります。それは、知行はダウン症だということによって、不幸なのではない。「障害者は不幸だ」といった感じ方しかできない人たちの大勢いる社会で生きていかなければならないから不幸なのだ、ということです。

障害児を普通児に近づけようということで、一所懸命に努力している人たちがいます。しかし私は、果たして変わらなければならないのはどっちだろうと思います。健常な人間がごく当たり前のこととして疑うことすらしないさまざまな常識の中に、実は障害をもつ人間に対する差別があり、ごう慢な気持ちがありはしないでしょうか。そのことを、私たちはいま一度考えてみる必要があるのではないでしょうか。

（一九七九年度石川県教育研究集会第十八分科会報告より）

今思い返してみると、ずいぶん長い年月でした。長い時間がかかりましたが、あきらめずに言い続けてきてよかったな、と思います。

新法のなかで、もう一つ忘れてならない点があります。それは、モニタリング機関の設置が義務付けられたことです（第三十二条）。

障害者政策委員会は、国や都道府県の施策等を監視し、必要に応じて勧告することもできます。勧告に対して、国や都道府県は答えを義務付けられています。これも旧法にはなかったもので、今後の取り組みが期待されます。各地方公共団体の障害者政策委員会にどんなメンバーが入るかで、会の取り組みの質がまるで違ってくると思われます。私たちの動きを考えていきたいところです。

七月に成立した新法はとても重要なものですが、その一方で不満な部分があるのも事実です。それは法律のなかに「可能な限り」ということわり書きが、六か所も入っていることです。

私たちにとりわけ関係のある「教育」の条文の中にも「可能な限り」という文言が入っています。

第十六条（教育）

国及び地方公共団体は、障害者が、その年齢及び能力に応じ、かつ、その特性を踏まえた十分な教育が受けられるようにするため、可能な限り障害者である児童及び生徒が障害者でない児童及び生徒と共に教育を受けられるよう配慮しつつ、教育の内容及び方法の改善及び充実を図る等必要な施策を講じなければならない。

私たちとしては、従来の分離教育を抜本的に改めて、どの子も地域の学校の通常学級に籍を置くことを原則とする教育制度を求めていたのですが、残念ながらそれは実現しませんでした。

子どもにとって学校は学びの場であると同時に生活の場でもあります。地域に住む子どもたちが共に同じ空間で活動し、共に育ち合える場として、学校はかけがえのない大切な場所です。地域の中で生きていこうと思えば、自ずから通う所は地域の学校ということになります。その学校に通うからこそ、子ども会や町内会の活動にも、ごく自然に参加できます。これも、けっこう大事なことです。特別支援学校に通いながら地域のさまざまな行事に出る子は、これまでの経験上たいへん少なく、それを見ても、子どもが地域の学校から切れることは地域から切れることと言えます。

長年障害児を地域の学校から排除してきた差別的教育制度を、共生をベースとした制度に変えていけるかどうかは、私たちの手にかかっています。

今年の夏になされた障害者基本法の抜本的改正のことは、エポックメイキングなこととして記憶し、そのうえで、また新しい歩みを重ねていきたいものです（今回の障害者基本法の障害者の定義に社会的視点が取り入れられたことを機に、従来の〝「障害」者〟という表記から〝障害者〟という表記にします）。

（二〇一一年八月）

共生の基礎

――他者との共生の基礎となるのは、実は「我がうちなる他者たち」との共生の経験なのだと僕は思います。僕自身の中にも、「さもしい私」、「邪悪な私」、「卑劣な私」がいる。それらもまた僕の正規の「ペルソナ」の一つであり、それなしでは僕は僕ではない。自分自身の中にある（ろくでもないものを含めて）さまざまな人格特性を許容できる人間は他者を許容できる。僕はそうだと思います。世間で言われる道徳訓とは言葉がずいぶん違いますが、僕は自分を許すことのできる人間だけが他者を許せると考えています。

「他者と共生する」というのは、「他者に耐える」ということではありません。「他者」を構成する複数の人格特性のうちにいくつか「私と同じもの」を見出《みいだ》し、「この他者は部分的には私自身である」と認めることです。

（内田樹著『呪いの時代』新潮文庫・二〇一四年）

長くなってしまいましたが、右の二つの文章は、私が最も信頼する思想家である内田樹の『呪いの時代』からの引用です。

内田樹の本は出るものは片っ端から読み漁り、それぞれの本から多くのことを学んできました。共感したり、目から鱗が何枚も落ちたりする経験を積み重ねながらの幸せな読書体験をしています。結果、どの本も付箋だらけになっています。

ちょっと長めの電車での移動の際は、本棚から内田樹の本をどれか一冊持っていかないと落ち着かず、さながら「ウチチュウ」状態で何年も過ごしています。

今回の本も呪いの時代をどう生きるかについて語られていて、読み終えるのを惜しみながらページをめくりました。

今の時代、あちこちで呪いの言葉が飛び交っています。内田樹によれば、「呪い」は破壊することを目指します。

——羨望や嫉妬や憎悪《ぞうお》はさまざまなメディアにおいて、生身の個人を離れて、言葉として一人歩きを始めています。誰にも効果的に抑制されぬまま、それらの言葉は人を傷つけ、人々がたいせつにしているものに唾《つば》を吐きかけ、人々が美しいと信じているものに泥を塗りつけ、叩《たた》き壊すことを通じておのれの全能感と自尊感情を満た

そうとしています。（同書）

呪いは決して遠い昔の話ではありません。一見豊かに思われるこの社会において、多くの人々は人とつながれず満たされぬ思いを持って生きていて、あちこちに向けて呪いの言葉を吐いています。

私自身もさまざまな呪いの言葉を耳にすることが多く、そのたびに重たい気分に襲われます。とりわけ「人と人の共生」を願って運動している人たちの間で呪いの言葉が行き交うのを目の当たりにするのは辛く悲しく、そこから本当の共生関係は生まれないのではないか、とさえ思ってしまいます。

「共生」という言葉が、やたらと甘く、うすっぺらな中身で使われているように思われます。でも実際は厳しさを含んだ、深みのある言葉です。あまりに安易に無神経に「共生」という言葉を使うのは慎みたいものです。

また、「共生」は、声高に他者を責めたてることを通して実現されるものでもありません。優劣や強弱を競うことは、「共生」と最もかけ離れたことです。

自分の限界やいたらなさや弱さ、醜さなどから目をそらしていたのでは手にできない生き方、それが「共生」です。わが身を棚に上げないことが求められます。冒頭に引用した内田樹の文章は、「共生」の本質をとてもクリアに、わかりやすく語っています。

（二〇一一年一二月）

共生の教育に向けて、正念場

長年にわたって障害の重い子に地域の学校の門を閉ざす根拠となってきた、学校教育法施行令第五条がようやく改められそうな気配です。

障害者の地域社会での生活を妨げるものは今も数多くありますが、制度そのものが差別的で、極めて深刻な問題を含んでいるのが、この施行令第五条です。

施行令第五条は同じ施行令の第二十二条の三とセットになって、入学時に障害の重い子を地域の学校から排除する根拠となってきましたし、今もまだ生きています。

学齢を迎える子の保護者に対して各地の教育委員会は一月三一日までに地域の学校への就学通知を出すことが、施行令第五条で義務付けられています。ここまではいいのですが、この施行令はとんでもない条件をつけているのです。施行令の第二十二条の三に記されている程度の子は除く、としているのです。

これまでの三〇年余り、この差別的制度のために、私がかかわっただけでも四、五〇〇組の親子が苦しめられ、泣かされてきました。とりわけ、三〇年余り前の時代には、この制度に逆らって地域の小学校の普通学級にわが子を入れてやりたいと願う親は、さんざんな非難を浴びせられたものです。「わが子を犠牲にしている」「親のエゴだ」「他の子の迷惑を考えているのか」などなど。

この差別的な法令をなくして、どの子も地域の子として暖かく迎え入れられ、一人ひとりの子どもがたがいに支え合いながら育ち合っていく学校教育を創りたい。それが大人としての私たちが子どもたち（障害のある子もない子もみんな含む）にしてあげられる大切なプレゼントだ。そう思いながら微力を注いできましたが、あまりの壁の高さと厚さに途方にくれ、わが身の無力さに気がなえることがしょっちゅうでした。

幸いにも、二〇〇六年に国連で障害者権利条約が採択され、二〇〇九年にわが国で政権交代が実現するという流れのなかで、事態はかなりの速さで変わり始めました。権利条約の基本理念は「インクルーシブ社会の実現」で、これはどの人をも社会の一員として大切にし、共に生きていくことを目指すものです。昨年わが国で施行された障害者基本法の理念も、どの人も尊重される共生社会（＝インクルーシブ社会）の実現です。教育についても「共に学び合うこと」を目指すことが明記されました。個人的には教育の条文には不満がありますが、従来の法律と比べれば、ずいぶんな前進です。

そんななかで、今、ついに施行令にも手が入れられようとしています。問題はその中身ですが、今のところまだ明確ではありません。民主党の「インクルーシブ教育推進議員連盟」が示した案は、すべての子どもを地域の学校の普通学級に迎え入れることを原則とすることを記していて、この案をベースに施行令が改正されれば、私たちが長年にわたって願い続けてきた、どの子も地域の子として迎え入れられ、「共に生き、共に学び、共に育ち合う」学校教育が実現します。

ただ、文部科学省がどのような案を出してくるか不透明なうえに特別支援教育関係の人たちのなかには、学籍を原則として地域の学校に置くこと（つまり特別支援学校に通わせるのは例外的なこと）とする制度に対する根強い抵抗があります。

この六月に文部科学省の案も出てくるものと思います。従来の差別的法令はとりあえずなくなるはずですが、新しく作られるものが、「共生をベースとしたインクルーシブ教育」の実現をはっきりと打ち出したものとなるかどうか。今が正念場です。

（二〇一二年六月）

＊追記　二〇一三年九月一日付で、文部科学省から「学校教育法施行令の一部改正について（通知）」という通知文書が出されました。大まかに言えば、「障害の重い子は原則特別支援学校に就学するもの」という従来の就学先決定の仕組みを改めて、障害の状態や本人の教育的ニーズ、本人・保護者の意見、専門家の意見などを踏

まえて総合的な観点から就学先を決定する仕組みに変えることになりました。

私たちの求めていた、どの子もまず地域の学校の通常学級に受け入れることとし、本人・保護者が希望すれば、特別支援学級や特別支援学校へ行くことができる、「原則統合」の仕組みを作るまでには至りませんでした。

文科省は、通常学級・特別支援学級・特別支援学校を並列したうえで、本人・保護者の意見を最大限尊重しつつ、学校の受け入れ体制や専門家の意見を聴きながら就学先を決める、と言っています。理屈のうえでは、障害の重い子も通常学級に入れることになりました。

「原則統合」に至らず残念でしたが、従来の差別的な仕組みがなくなり、気持ちが楽になりました。長年、制度が障害児が地域で生きるうえでのバリアとなっていたわけですから、それがなくなったことは意味深い前進です。

この通知が出されてから四か月後、障害者権利条約の批准が国会で承認されました。

国の制度が人権を奪うとき――障害のある子どもと制度①

六月一九日に、わが国で「障害を理由とする差別の解消の推進に関する法律（障害者差別解消法）」が制定されました。わが国で法律名に「差別」という言葉の入った法律が作られたのは、これが最初です。わが国でそのような法律が制定されることは結局難しいのではないかと、なかばあきらめていたので、今回の障害者差別解消法の制定は喜びと同時に驚きを伴うものでした。

この法律は差別の定義がなされていないなど、さまざまな難点も含んでいますが、それを差し引いても画期的な法律で、今後障害者の教育や労働、移動など、あらゆる分野において力となっていくものと思われます。

この機会に、障害のある子どもの育ちを援助することと制度改革の問題について少し考えてみたい。

国はいつも国民を守ってくれるわけではありません。ひどい場合は国の制度が特定の人たちを差別し、その人権を奪うこともあります。一九五三年に制定され、一九九六年まで存続した「らい予防法」もその一つです。この法律により、病気がすっかり治った元ハンセン病の患者さんたちは強制的に隔離され続け、なかには不当な断種手術や中絶を強いられた人もいました。多くの国民の無関心のせいで、世にも稀な悪法が四〇年余りも存続してしまいました。

養護学校教育の義務制もたいへん差別的な制度でしたが、それを指摘する者はごく一部で、大多数の関係者は「一人ひとりの子どもに合った教育を受けられる」と言って歓迎しました。

実はその当時、こんなこともありました。ひまわり教室に通っていたある子のお母さんは、厳しすぎると思われるほどのトイレット・トレーニングをしていて、ひまわりでもきちんとやってほしい、と言っていました。子どもはトイレに行くことに抵抗を示し、それもあってトイレでの排泄は思うように進みませんでした。お母さんのあせりが私たちにもヒシヒシと伝わってきました。

ある時、私はお母さんに聞きました。「〇〇君はトイレへ行くことも嫌がっているんだけど、お母さんはなぜそこまでトイレでの排泄にこだわっているのかね」。

お母さんの答えはすっきりしていました。「だって先生、トイレでオシッコできん子は保育所へ入れんでしょ」。

そうなのです。確かに当時は、障害のある子が保育所へ入っていくためには、行政の定めた基準をクリアしなければならなかったのです。その基準というのがけっこう厳しく、それをクリアできない子はみんな、「障害の重い子」としてひとくくりにされていました。ちなみに、「障害の重さの判断」は、その時々によって変わり、人によって変わりました。おもしろいことです。

そのお母さんとの相談の席で、私はおおよそ次のようなことを言いました。

——行政や保育所の入所基準をそのまま認めて、それに合うように子どもを変えるというのはやめましょう。どの子でもそのままの状態を大切にして受け止めてもらえるように、行政の仕組みの方を変えるようにしていきましょう。

目の前の子どもの命を守り、その豊かな育ちの手助けをしようとするなら、私たちはその子どもを取り巻く社会状況や国の制度などに無関心であってはならないと思います。器そのものが問題なのに、そのことは不問にして、器に合うように育つことを求めるのは子どもに対して失礼です。

（二〇一二年八月）

誰の立場で考えるのか――障害のある子どもと制度②

制度に込められた理念は、年月と共に、人々の心に浸透していきます。ある場合は一滴一滴の水がやがて川となっていくようにゆっくりと時間をかけて、またある場合は乾いたスポンジにアッという間に水が浸み込んでいくようにして。

制度が作られると、それを基にして具体的施策が推し進められます。多くの国民が反対する制度はその具体化に時間がかかりますが、国民の多くがさほど反対の意向を持っていなかったり無関心だったりする制度は急速に具体化され、早々に常識化します。

障害者を収容して保護することや、訓練・指導等を通して障害者を変え、社会に適応させることを謳った制度は、後者の代表例と言えます。障害を個人の問題として捉え、個人や家族の努力によって、それを克服するのが当たり前のように思われていた時代が長く続いていたわけですが、そうした常識をより強固なものにしてきたのは、まさに国の制度でした。

一九五九年にデンマークで、世界で初めて「ノーマライゼーション（デンマーク語でノーマリセーリング）」という言葉の入った法律が作られました。その翌年、わが国で

「精神薄弱者福祉法」が制定されましたが、その基本理念は「収容と保護」でした。およそノーマライゼーションの理念とは、相いれない考え方でした。そしてその後、長年にわたって、この法律をベースとした施策が推し進められました。

また、一九七〇年には「心身障害者対策基本法」が制定されましたが、これも「収容と保護」を目指しており、さらに「障害の発生の予防」や「障害者本人の自立の努力、家族による自立促進」が盛り込まれているというものでした。いくつかの条文を引いてみます。

（目的）

第一条　この法律は、心身障害者対策に関する国、地方公共団体等の責務を明らかにするとともに、心身障害の発生の予防に関する施策及び医療、訓練、保護、教育、雇用の促進、年金の支給等の心身障害者の福祉に関する施策の基本となる事項を定め、もって心身障害者対策の総合的推進を図ることを目的とする。

（国及び地方公共団体の責務）

第四条　国及び地方公共団体は、心身障害の発生を予防し、及び心身障害者の福祉を増進する責務を有する。

（自立への努力）

第六条　心身障害者は、その有する能力を活用することにより、進んで社会経済活動に参与するように努めなければならない。

2　心身障害者の家庭にあっては、心身障害者の自立の促進に努めなければならない。

（重度心身障害者の保護等）

第十一条　国及び地方公共団体は、重度の心身障害があり、自立することの著しく困難な心身障害者について、終生にわたり必要な保護等を行なうよう努めなければならない。

当時はこのような「基本法」がそれほど大きな問題にもならずに通ったわけです。実は私も当時は、この法律の条文一つひとつについて考えることはしていませんでした。その頃は高度成長期のまっ只中で、資本側は盛んに働き手を求めていました。その頃よく言われていたのが、「障害の軽い人には社会復帰を、重い人には保護を」というものでした。これは単なるお題目ではなく、障害の軽い人は訓練をして就職につなげ、障害の重い人はコロニーへ収容して終生保護する施策が、具体的に推し進められました。

実は家族（障害者本人はほとんど関与していなかったと思います）の要望を受けて基本法が作られた側面もあるので、この時の障害者施策の進行ぶりは急激でした。またたく間にあちこちに、何百人もの障害者を収容するコロニーが作られていきました。

ちょうどこの一九七〇年、私は障害児の収容施設に就職し、この本の冒頭にも書いたように中学生の女の子のつぶやきを耳にしました。私が仕事を終えて帰ろうとした時、女の子がポツリと言ったのです。

「先生、うちに帰れていいね」。

この一言は、私の生き方を決定づけるほどの重さを持っていました。

その三年後、今度は、教育から切り捨てられている子どもたちとの出会いがありました。ひまわり教室の前身である「ひまわりの集い」には、障害の重いことを理由に学校教育を受けられず、ずっと家の中で過ごしている子どもが何人も顔を出していました。当時、就学免除や就学猶予という制度があり、その制度により障害の重い子の保護者はわが子を学校に通わせる義務を免除されたり猶予されたりしました。でも実際には、障害の重い子の親はわが子の就学をあきらめさせられていたのです。障害の重い子は教育を受ける権利の主体とは考えられていませんでした。

これについて教育関係者の圧倒的多数は何の疑問も抱かず、「障害の重い子には教育は無理だよね」といった調子で簡単に納得したり、あるいは全く無関心だったり。しかし私には、とうてい見過ごすことのできない大きな問題に思われました。

長年にわたって障害は個人の問題とされてきたので、障害の重い子が教育を受けられないのはその子の障害の重さのせいだと考えてしまう、あるいはそのことに思いをめぐらせることすらしない、そうした風潮が社会全体を覆っていました。心身障害者対策基本法のなかで教育についても触れられていましたが、それはあくまでも障害の軽い子に関するものでしかなかったのです。

目の前の子どものことを考える時、とりわけ障害児のように数が少なく、忘れられがちな、あるいは排除されがちな子のことを考える時、私たち自身の感性や人権意識が強く問われます。目の前の子どもの側に立って考えるのか、制度や社会の常識や風潮に沿って考えるのか。その立ち位置が問われます。

（二〇一三年一〇月）

凶悪な事件の犠牲者に思いを馳せて

七月二六日の未明に神奈川県相模原市で起きた事件は、想像したこともなかったような残忍なものでした。職員の少ない深夜に、元職員だった容疑者は障害者入所施設に侵入し、重度の障害者に狙いを定めて襲いかかり、一九人の人を刺殺し、二七人の人に傷を負わせたのです。

あまりに理不尽な形で、突然に生きる道を絶たれた人々のことを思うと、胸が苦しくなります。今は、遠くからですが、心から手を合わせて祈るばかりです。

容疑者の男性が「障害者がいなくなればいい」と供述していることや「安楽死」という言葉を使っていることを知り、ナチスドイツの「安楽死」計画のことを思いました。当時の医学界の権威たちが参加して計画的になされた、障害者抹殺。二〇万人余りの障害者が殺され、それはやがてユダヤ人の大量虐殺へとつながっていきました。

このあたりのことを詳しく論じたヒュー・グレゴリー・ギャラファーの『ナチスドイツと障害者「安楽死」計画』（現代書館・長瀬修訳・一九九六年）を本棚から取り出し、二六日の午前の数時間、私はこの本のあちこちのページをめくって過ごしました。

七〇年以上も前の遠い国の優生思想が、私たちの国でまがまがしい形で姿を現したのです。人間の心の闇の底なしの深さを思い知らされました。

「できる・できない」で人間の価値を決め、障害の重い人たちは生きている価値はないと決めつける容疑者の価値観・人間観は、とうてい容認できるものではありません。それは実は、今の私たちの社会全体を覆っているものです。

容疑者は「昔見た同級生が重い障害者で幸せに見えず、嫌な気持ちになった」とも供述しているようです。もしもこの供述が偽りのないものであるとしたら、容疑者は学校教育を受けた時に、とても不幸な形で障害のある子と出会っていたと言わざるを得ません。

今回の事件に関して、容疑者のこと以外で気になることが何点かあります。

まず一つは、これだけの大事件なのに、亡くなった人たちの顔写真や生前の姿を紹介する写真はおろか、一人ひとりの名前も全く公開されないことです。障害のない人が何かの事件で命を奪われると、必ずと言っていいほど顔写真と名前が公表され、生前の被害者に縁のある人が故人とのエピソードを語ったりします。近いところではバングラデシュの事件の時がそうでした。いろんな人たちが犠牲者の人柄や仕事振りについて語り、突然の別れを悲しんでいました。

ところが今回の事件では、一人ひとりの個性や人生の物語が語られることは一切なく、一九人という一つの塊としてしか報じられていないのです。犠牲者一人ひとりの固有性が消されているのです。

犠牲者のみなさんは存在する意味のない者として理不尽にも命を奪われ、亡くなっても個人として扱われず、そのことでさらに尊厳を傷つけられています。

二つ目の問題は、一つ目の問題と深くかかわることですが、事件の翌日に遺族へのインタビュー映像が流された際、遺族が顔を隠して話していたことです。これでは殺された人たちの尊厳が大きく傷ついてしまう。そう思わざるを得ませんでした。

このような悲惨な事件に巻き込まれた障害者の家族に対して、右のようなことを書くのは失礼であることは重々承知のうえで、それでも私は、遺族の立場よりも殺された障害者の立場に立ちたいと思っています。

もちろん、遺族の人たちだけの責任でないのは、言うまでもないことです。社会全体にある障害者への偏見や差別が、今度の映像のような事態を生む最大の要因です。

この件に関して、メディアの責任も大きいと思います。そのテレビ局の人たちは、自分たちのやり方が殺された障害者の尊厳を損なうとは思わなかったのでしょうか。遺族の顔を隠してまで流さなければならない内容ではなかっただけに、私には大きな疑問が残りました。

三つ目の問題は、一〇〇名を優に超える障害者を一か所の施設に収容していることについてです。一つの場所に入っている人の人数が多くなればなるほど、そこにいる人たちの自由は制限されます。今でも知的障害者の六、七人に一人は、入所施設に入っています。そのほとんどは、本人が希望したわけではありません。以前よりもずいぶん改善されてきていますが、それでもやはり入所施設には多くの問題があります。

入所施設の規模の縮小化は、早急に取り組むべき喫緊の課題です。

最後に四つ目の問題として、容疑者が犯行の数か月前に措置入院していたと報じられたことで、多くの精神障害者が大きな迷惑を被るのではないか、ということです。

措置入院した人の退院後の監視強化が言われたりもしていますが、話の方向性が誤っています。

今回の事件に煽られるようにして、障害者への嫌がらせなどが続発することを、私は何よりも怖れています。そのようなことが起こらないように、と祈るばかりです。

と同時に私は、精神障害のある人たちへの偏見が拡大しないか、精神障害のある人たちが生きにくくなりはしないか、とても心配です。

七月に起こった事件は、少なくとも私にとっては想像したこともないような凶悪なものでした。容疑者の言動には不可解な面も多く、今後の解明を待ちたいと思いますが、その一方で私は、「彼は特別な悪人で、自分は彼とは違う」と言い切れない、との思いも抱いています。

親鸞は『歎異抄』の中で、「わがこゝろのよくてころさずにはあらず。また害せじと思ふとも、百人千人をころすこともあるべし」と述べています。思いもかけないような事件が起こるたびに、この親鸞の言葉を思い起こすのですが、今回もこの言葉が心から離れません。

容疑者の凶行は、人間の心の闇がいかに深いかを私たちに見せつけましたが、と同時に、今の社会の闇をえぐり出しました。私たち一人ひとりは、今回の事件と無縁ではありません。そのことを深く心に刻んでおきたいと思います。

（二〇一六年八月）

善と悪の間で

いくつもの気がかりを残しながら、今年ももう終わろうとしています。私にはやはり、やまゆり園のことが大きく、今でもあれこれと考えます。あまりにも不当に、理不尽に命を奪われた一九人の人たち。それぞれに好きな食べ物があり、それを口にした時にはいかにもその人らしい満足げな表情をしたでしょうに。また、それぞれに好きな音楽などがあったでしょうに。そうしたことについて一切語られることなく、一つの塊としてしか扱われない人たち。私たちのつくっている社会は、なんとひどいところなのでしょう。

遺族のなかには自分たちとの関わりを隠したいと思う人がいる一方で、はっきりわが子の名前を出してやりたい、と思う人もいたでしょうに。どういう経緯があったのか全くわからないけれど、全ての死者について全く公表されない形になっています。こんな形が好ましいとはとうてい思えません。遺族の人たちはどのような正月を迎えるのでしょうか。

植松という容疑者のことも、ずっと気にかかっています。もし彼がやまゆり園に勤めていなかったならば、今回の事件は起きなかったでしょう。やまゆり園に勤めていたとしても、そこで入所者のみなさんとの生き生きした心の通い合いを経験し、他のスタッフともども楽しい日常を送れていたならば、彼はあのような残忍なことをしなかったのではないか。やまゆり園があのような大規模な入所施設でなかったら、今回のようなことは起こらなかったはず。そして何よりも、日本が今のように効率と成果が強迫的に求められ、閉塞的で息苦しい世の中でなかったとしたら、あのような残忍な事件が起こることはなかったのではないか。

たとえ植松容疑者がヒトラー思想に取り憑かれたとしても、何か一つが違っていたなら、やまゆり園の事件はなかったことでしょうが、残念にも、事件は起きてしまいました。彼は今、自分の犯したことや自分の人生などをどのように考え、感じているのでしょうか。それが気になります。

ところで、ヒトラーとナチズムと言えば、障害者やユダヤ人を大量虐殺した悪の権化。対する連合国は民主主義と人権のために闘った正義の徒。こうした善悪図式はとてもわかりやすく、心に入りやすいものですが、わかりやすさには落とし穴がつきものです。

ノーム・チョムスキーの『秘密と嘘と民主主義』（成甲書房・田中美佳子訳・二〇〇四年）のなかに、次のような一節があります。

──彼らはナチのなかでもとくに凶悪な戦犯をドイツ国外に連れ出し、まずヨーロッパで利用した。たとえば「リヨンの虐殺者」の名で知られたクラウス・バルビー（元ナチス親衛隊長・徳田注）は、米国情報部に身柄を拘束され、米国の諜報活動に登用された。

彼らとは、ヴァチカンと、米国国務省や英国情報部のことです。彼らにとって戦後ヨーロッパの左翼のレジスタンスに対する攻撃のためには、バルビーほどの適任者はいなかった、とのこと。

さらにチョムスキーによると、米国の権力は「ガス室を発明したワルター・ラウフを首尾よくチリに逃亡させている」のです。もちろんラウフが自分たちにとって利用価値のある人物であったことが理由です。国家権力の底知れぬ怖さを痛感します。

目の前の出来事があまりにも大きく、容易に自分の心のなかで整理がつきかねる時、つい私たちはわかりやすい図式に逃げ込もうとします。やまゆり園事件の場合であれば、「常ならざる人間による想像を絶する蛮行」といった具合にです。このように規定したとたんに私たちは、「植松という人は自分たちとは別の人間」という決めつけをしてしまうことになります。

でも私は、それはしないでおきたい。私は、植松という人と自分の間に画然たる境はない、と思っています。安易な善悪図式に逃げ込まず、このような事件が起きたその同じ時代を生きる者として、社会の在り方や自分自身の在り方をより深く問うていきたい。そんな思いを抱きながら年の暮れを迎えます。

（二〇一六年一二月）

相模原事件から一年、そしてこのニュース

あの忌まわしい事件から一年がたちました。七月二六日前後には新聞やテレビで、この事件に関連する報道がさかんになされていました。よくあることです。

いくつもの報道に接し、結局私の気持ちが晴れることはありませんでした。たとえば、犠牲者の顔写真が一枚もない追悼式。犠牲者を悼む人たちの言葉からその人たちの名前が聞かれることもなかったようです。一年たっても、こうなのか。気持ちが重くなりました。「主催した神奈川県の黒岩知事は、匿名で式典を進めた理由として障害者差別が払拭されていないことを挙げ」たようです（北陸中日新聞）が、今回のようなことを繰り返していたのでは差別をなくすことは難しいのではないでしょうか。

確かにわが国には、まだまだ障害者差別があります。長年にわたって障害のある人たちを社会から隔離してきたのですから、そう簡単に差別はなくならないでしょう。でも、差別がなくなったら名前や顔を出す、というのでは、差別の前に膝を屈しているようで、私にはそれが残念です。あんな理不尽な事件の後だからこそ、犠牲になった人たちの側に立って語ることが大事なのではないでしょうか。

遺族のなかから一歩を踏み出す人が出てくることを願うばかりです。植松容疑者は依然として、障害の重い人は生きている意味がないと考えているようですが、時間がかかっても、彼が自分の考えの誤りに気づき、犠牲者一人ひとりに心から謝罪する日の来ることを願わずにおれません。

ところで、植松容疑者は衆議院議長あての文書で重複障害者の安楽死に言及していますが、それが現実化したようなニュースを目にしました。七月二六日付（まさに、やまゆり園事件から一年目の日！）の北陸中日新聞の記事です。見出しは、「難病の乳児尊厳死へ」となっていて、おおよそ次のようなことが書かれています。

――生まれつきの難病でロンドンの病院に入院している、生後一一か月のチャーリーちゃんの尊厳死を訴える病院側に対して治療継続を求めて裁判で争っていた両親は、七月二四日に、争いを断念すると発表した。近く、チャーリーちゃんの生命維持装置がはずされる。

チャーリーちゃんは「ミトコンドリアDNA枯渇症候群」で脳に障害があり、自力で動いたり呼吸したりすることはできない。病院側は、チャーリーちゃんは回復の見込みがなく、治療は本人の苦痛を増すだけだとして生命維持装置の取りはずしを主張し、これに反対する両親との間で裁判となっていた。

英国の裁判所と欧州人権裁判所は、いずれも病院側の主張を支持した。両親は米国の医療機関に望みを託したが、そこで「手遅れ」と判断され、両親は治療をあきらめた。

父親は「君を助けられなくて申し訳ない」と涙ながらに述べた。


この記事を読んで、なんともいたたまれない思いになりました。新聞にはチャーリーちゃんを抱いてカメラに目を向けているお父さんとそのそばでチャーリーちゃんの頭に手を置いているお母さんの写真が載せられていて、それを見てなおのこと、なぜこの三人を切り離さなければならないのか、どのような権利があって、このような理不尽が許されるのか、との思いがこみ上げてきました。

私はチャーリーちゃんの病気がどれほどのものか全くわかりません。また、今回の例は積極的に命を奪うわけではなく、生命維持装置をはずすということ（つまりは、チャーリーちゃんの命を自然にまかせるということ）なので、この行為をどう考えるかについてはさまざまな意見があり得ると考えています。自発呼吸をしていない子の生命維持装置の意味について、そう簡単に結論を出せるわけではないでしょう。

そうしたことを考慮したとしても、私にはモヤモヤが残ります。両親がわが子をもっと生かしてやりたいと言っているにもかかわらず、医療や司法の専門家の判断によって子どもの命が奪われてしまう。そんなことが起こる社会の在り方を好ましいと言えるのでしょうか。

植松容疑者は罪を犯した。私たちはそう考えています。一方、記事によれば、イギリスの医師たちの判断は、司法によって正当なものとして認められたわけです。このちがいを、私たちはどう考えていけばよいのでしょうか。

（二〇一七年八月）

共に生きることをあきらめない

この一〇月に私の住んでいる白山市で、「白山市共生のまちづくり条例」がスタートしました。条例そのものはささやかなものですが、障害のある人とない人が共に生きていけるまちづくりを目指して、一つの行政が自分たちの法令を作ったことの意義は決して小さくありません。この条例をさらに中身の濃いものにしていけるよう、これからも私たち一人ひとりが主体的に考え、行動していきたいと思います。

身近なところでのうれしい話題がある一方で、「道は遠いな」と思わせることがいろいろとあります。「共に生きる社会を」「共に育つ教育を」と言い続けて四〇年余り、右に見たような動きが出てきて励まされる一方で、未だ根強い分離傾向を目の当たりにして、その道の決して平坦ではないことを身に染みて感じています。

たとえば教育の話。ここでは「共生」はほとんど進んでいません。むしろ「共生」とは逆の流れが広がっています。

一九七九年の養護学校教育の義務化後、それに反対する人たち（私もその一人だった）の運動があり、徐々に地域の学校へ通う子が増え、養護学校へ通う子どもが少なくなっていきました。それが九〇年代半ば過ぎまで続きました。

ところが九〇年代後半から養護学校へ通う子が増加する傾向が出てきて、それは障害児の教育が「特殊教育」から「特別支援教育」と名称変更されてからも続いています。文部科学省は「場による教育」（つまりは場を分けての教育）から「個人の教育的ニーズに応じた教育」（これを特別支援教育と呼んでいる）へ質的に転換したように言っていますが、名称は変わっても「分けた場での教育」は相変わらず盛んです。と言うより、「分ける流れ」が一層強くなっています。

文部科学省は、特別支援教育の充実がインクルーシブ教育システムの構築につながる、としていますが、実態はまるで逆です。特別支援教育の目指す個別支援は分離教育の流れをより大きくするばかりです。

私は長年、「個別支援」よりも「共に育つ教育」を、と繰り返し言ってきました。そして「共に育つ教育」の実現のためには「普通教育」の在り方そのものを改めていかなければならないと言ってきましたが、残念ながらそうした兆しはチラッとも見えません。今は「普通教育」そのものが柔軟さや大らかさを失い、子どもも先生も管理され、生きき生きと動けなくなっています。

二つ目に、放課後等デイサービス事業の盛況があります。これは放課後に障害のある子どもだけを集めてさまざまな活動の機会を提供する事業ですが、この事業が全国各地でどんどん立ち上げられ、多くの障害児が利用しています。さまざまな事情から、ひまわり教室もこの事業をやっています。

小さい頃から障害のある子とない子が共に活動し、ぶつかったり協力したりしながら相互に理解を深めていけたらいい。そうした取り組みを地道に積み重ねていくことを通して、やがて差別のない共生社会を創っていけたらいい。そんな夢を抱いて四〇年余り生きてきましたが、ここへ来て、子どもたちが学ぶ場も分けられ、放課後も分けられる時代の到来です。

やれやれ、と思います。ただ幸か不幸か、「共に生きる」社会づくりに関して、私はあきらめるということを知らないので、これからも夢を捨てずに生きていくだけです。あせらず、あきらめず、また一歩一歩です。

（二〇一七年一〇月）

他者への想像力を欠いたとき

この三月二八日、旧優生保護法下で不妊手術を強制された女性が国に補償を求めた訴訟の第一回口頭弁論が仙台地方裁判所で開かれました。訴えを起こしたのは宮城県の六〇代の女性で、北陸中日新聞の三月二九日付の記事では次のように記されています。

――訴状などによると、女性は十五歳だった七二年、病院で「遺伝性精神薄弱」と診断され、県の審査会を経て不妊手術を強制された。その後、日常的に腹痛を訴えるなど体調が悪化。不妊手術が理由で縁談も破談になるなど、精神的苦痛を受けた。

前の方でもふれてきたように、優生保護法は一九四八年に制定されたものですが、第一条に「不良な子孫の出生を防止する」ことが目的として記されている、とんでもない法律でした。法律が国民の人権を侵害する典型的な例です。

この法律によって知的障害のある人たちが不妊手術を受けることになりました。記録に残っているだけで約二万五〇〇〇件の不妊手術がなされ、そのうち本人の同意を得ていない例が一万六〇〇〇件余りもあると言われています。本人の同意を得ている場合でも、周りからの圧力により止むなく同意した例も相当にあったことでしょう。不妊手術を受けさせられる人は圧倒的に弱い立場にあったわけで、その人が自分の意志を通すことは極めて困難であっただろうことは容易に想像がつきます。

宮城県の女性の勇気ある行動により、ようやくこの問題があちこちで取り上げられるようになり、国会議員も被害者救済に向けて動き出すようです。裁判の行方や国会の動きも含め、この問題の今後の動向をしっかり見ていこうと思います。

それにしても、この悪法が廃止されるまでに五〇年近くかかり、その後も二〇年以上にわたって被害者が救済されることなく放置されてきたという、この時間の長さをどう考えたらよいのでしょうか。法律の制定にかかわるのは国や国会なので、両者の責任は言うまでもありません。その一方で、この問題に深く関心を払うことなくやり過ごしてきた私たち国民一人ひとりにも責任があります。

今回の件に限らず、私たちは弱い立場に置かれた人たち、たとえば沖縄の人たちや東北（とりわけ福島）の人たちのことに想像力を働かせることをあまりしません。つい目先のことにばかり心を奪われ、「面倒なこと」に対して心を閉じてしまいがちです。

想像力は人間に与えられた特筆すべき能力ですが、せっかくの能力を使わずに生きていることがけっこう多いのです。そして具合の悪いことに、他者への想像力を働かせないと、人間はどんな非道なことでもやれてしまいます。

ノーム・チョムスキーは『誰が世界を支配しているのか』（双葉社・大地舜他訳・二〇一八年）の中で、クリントン大統領が一九九八年にスーダンにある医薬品工場爆撃の命令を出したことについて批判的に述べたあと、次のように記しています。

——彼ら（クリントンとその側近・徳田注）とその擁護者たちは、アフリカ人たちを蟻《あり》のようにみなしている。道を歩いているときに踏みつぶしてしまう蟻だ。私たちは蟻を踏みつぶすかもしれないことを知っている（わざわざ考えることがあるならば…）。だが、意図的に蟻をつぶそうとは考えていない。なぜなら、そのようなことを検討する価値がないからだ。

他者も自分と全く同じく、かけがえのない尊い命をもってかけがえのない人生を生きているのです。そのように他者の命への想像力を働かせることができれば、私たちは他者を損なうことなく、共に生きていけるのでしょう。しかしそのことが思いのほか難しいことを、冒頭の事例やチョムスキーの本が教えてくれています。（二〇一八年四月）

言葉のなかに潜む心

デズモンド・モリスはその著書『マンウォッチング〔上〕』（小学館ライブラリー・藤田統訳・一九九一年）のなかで、人から発せられるさまざまなメッセージの〈信頼尺度〉に言及しています。いちばん信頼できる情報は自律神経信号で、これは思わず顔面蒼白になるなど、本人の意志とは無関係に表出されるものです。以下、②下肢信号、③体幹信号などと続き、六番目が表情で、いちばん最後（七番目）が言語、となっています。つまり、人の心を正直に映し出すことに関して、表情や言語は信頼度が低いのです。昨今の国会での安倍首相をはじめとする政治家や官僚たちの答弁を聞いていると、言語が最も信頼できないというのは実に納得しやすいと思います。

私たちも日頃の付き合いのなかで、心にもないことを言ってみたり、必要以上にていねいになったり、あるいはつい嘘をついてしまったりといったことをやっています。

言葉が信頼できないものであると言っておきながら、今から書くのはそれとは真逆のことです。

示された言葉に、その人間の心がにじみ出ることがあります。本人の意図していなかったような深層心理が、ある言葉を通してあらわになるわけです。優生保護法の第一条を読むたびに、私はそのことを思います。

一九四八年に制定された優生保護法の第一条（目的）には、「優生上の見地から不良な子孫の出生を防止する」という文言が入っていました。そして、この目的を達成するために多くの「優生手術」がなされました。

この法律を制定した当時、議員たちには障害者の人権を守る意識は、かけらもなかったようです。今年の五月四日付の毎日新聞によると、同法は「保守・革新双方の国会議員が口を極めて障害者を差別しながら提案し、批判なく全会一致で成立した。」

同紙はさらに次のような動きも載せています。

――四十八年六月の参院本会議で「悪質な遺伝因子を国民素質の上に残さないようにするため」と説明し、全会一致で可決、成立した。

法施行後も積極的に推進。五十二年に遺伝性でない障害者も「保護義務者の同意」で手術を強制できる改正案が提起され、可決。

暗たんたる思いになります。障害者はまともな人間ではない。そんな者の子孫が生まれることはなんとしても阻止する。それが議員たちの強い意志だったのでしょう。実は改正案が成立した翌年の一九五三年には「らい予防法」が制定されています。
森幹郎は『証言・ハンセン病』(現代書館・二〇〇一年)のなかで、次のように記しています。

――「癩予防法」(一九〇七年)及び「らい予防法」(一九五三年)はハンセン病患者をハンセン病療養所に「終生隔離」しようとしましたが、そこには患者を「社会存在に値しないもの」とする優者意識が潜在していました。

優生保護法やらい予防法ほどには悪質・露骨ではありませんが、現在知的障害者に交付されている「療育手帳」にも似かよった意識(深層意識)が流れているように、私には思われます。私はずっとこの手帳の名称に強い違和感を抱き続けていて、そのため長年、ダウン症の息子・知行の療育手帳の交付申請をせずに来ました。年とともに知行の医療費がかさむようになってきたため、ついに数年前に手帳を交付してもらったのですが、知行に悪いことをしたな、という思いはぬぐえません。
「何を大げさなことを」と思われるかもしれませんが、ついこういうことが気になってしまうのが私なので仕方がありません。

なぜこだわるか。その理由は簡単です。「療育」という言葉は、基本的に障害のある子どもとかかわる際に使う言葉です。その言葉を大人になった人たちの利用する手帳に使うのは、大人の知的障害者に対してははなはだ失礼です。

ちなみに、「療育」についてはこのように説明がなされています。

――肢体不自由の父と言われる高木憲次による造語で、「療」は医学的リハビリテーション、「育」は社会的リハビリテーションにあたります。その理念の中で「児童を一人格として尊重しながら、先ず不自由な箇所の克服につとめ、その個性と能力に応じて育成し、以て彼らが将来自主的な社会の一員として責任を果たすことができるように…」としており、そのためのさまざまな働きかけが療育といえましょう。

（柴崎正行編著『障がい児保育の基礎』わかば社・二〇一四年）

（〇〇は徳田）

「療育」の理念そのものについても言いたいことがあるのですが、ここではそれにはふれません。長年知的障害者は子ども扱いをされてきたが、手帳の名称にまでそれが及んでいます。そのことについて、私たちはもっと真剣に考えるべきではないでしょうか。

私自身も含め、知的障害のある人たちとかかわる者一人ひとりが問われています。障害のある人たちの周りの人間の在り方のゆがみは、決して過去のものではないのです。

（二〇一八年六月）

おわりに

この本を手に取っていただき、ありがとうございます。また、この本をここまで読んでいただいた方には、読んでいただき、ありがとうございます。

書きためてあったものをまとめて読んでみたところ、重複しているものがいくつもあり、かなりのものを削りました。それでも同じようなことを述べている部分が残っています。「しつこいな」と思った人がいたら申し訳ありません。

「おわりに」で言い訳めいたことを書くのも気が引けるのですが、少しだけ書かせていただきます。

私は、重度障害児とか重複障害児とか言われる子どもたちもその内にくみ尽くせない可能性を秘めて生きていることを強く信じ、子どもがその可能性を花開かせることができるか否かは、そばにいる人間の在り方次第である、と考えてきました。それで、四〇年余り自分たち保育者の在り方を問う営みを続けてきました。口ぐせのように「自分のことを棚に上げるな」と言ってきたのは、多くの障害児が大人の都合で追い詰められたり排除されたりするのを嫌になるほど見てきたからです。ひまわり教室ではそんなことのないようにしたい、教室では子どもたちが解放され、安心して自分のありのままの姿で生きられるようにしたい。その思いで子どもたちと生きてきました。そんな訳で、第Ⅰ部は繰り返し自分たち大人の在り方やかかわり方を問うものになっています。

第Ⅱ部ではさらに同じようなことが繰り返し書かれていますが、これは障害児の教育などをめぐる社会状況がなかなか変わらなかったことによるものと考えていただき、どうかご寛恕のほど、お願いします。

ひまわり教室に通う子どもたちはどの子も個性的で、チャーミングです。これについては、全くかけ値なしで言い切ることができます。通い始めの頃こそ不安やとまどいのなかで硬い表情をしていますが、教室が安心できるところだとわかると、秘めていたものを表に出してきて、それがどれもこれもほれぼれするくらい美しいのです。そしてまた、こちらの心を生き生きとさせてくれるのです。ひまわり教室の子どもたちと遊んでいると歳を取るのを忘れてしまいます。

ただ、ひまわり教室は障害児だけを集めた場です。そこで子どもたちが生き生きしていることを書き過ぎると、やっぱり障害児は分けた場で過ごすのがいい、と短絡的に捉えられてしまうのが怖くて、ある時から教室での子どもたちの育ちについて書くことをずっと封印してきました。この本でも、ごくわずかの例にとどめています。それも自分たちの在り方を問う手がかりとして紹介するためのものとして書かせてもらいました。ということで、読んでいただいたみなさんには、私の拙い文章のバックにたくさんの個性あふれるちびちゃんたちがいることを、ほんの少しでも想像していただければ幸いです。

わが国での共生教育や共生社会の実現はまだまだ先のことのようです。でも、二〇〇六年に障害者権利条約が国連で採択されて以降、わが国の動きが少しずつ変わってきているのも確かです。あきらめずに共に生きる社会を目指していこうと思います。

長年さまざまな障害のある子どもと共に生きてきて、子どもたちから多くのことを教えてもらい、それを基に「共に生きる」ことについて考え続けてきた者として、一つのまとめとしてこの一冊を出版させていただきました。これまでにかかわった子どもたちとその家族のみなさんに深く感謝します。また、共に歩んできたひまわり教室の職員のみなさんにも感謝します。

この本が出版できたのは、ひとえに大学の頃からの親友で、編集会社エディット社長の小林哲夫さんのおかげです。ありがとうございます。小林さんの厚意に甘えて雑々とした原稿を手渡し、このような形に編集していただきました。編集の実務を担って下さったのはエディットの坂泰宏さん、堀あやかさん、塚本鈴夫さんで、三人が面倒な作業を引き受けて下さったおかげで、雑々としたものが整理されたものとなりました。
表紙の絵は、長年の友人である鈴木治男さんの作品を使わせていただきました。「共生の森」シリーズは私が特に気に入っているもので、そこから選ばせていただきました。最後になりましたが、このような地味な本の出版を引き受けて下さったミネルヴァ書房・杉田啓三社長に感謝いたします。私は、ミネルヴァ書房から出版されたさまざまな本によって育ててもらいました。そこから自分の本を出していただけることになり、深い感慨を覚えています。

二〇一九年　夏

徳田　茂

《著者紹介》

徳田　茂（とくだ・しげる）

1947年　現在の石川県金沢市に生まれる。
1970年　金沢大学法文学部文学科（心理学専攻）卒業。
　　　　石川県と滋賀県の障害児・者の入所施設勤務を経て，
1974年　障害児通園施設「ひまわり教室」を金沢市内に開設。2011年３月まで代表。
1978年　他の障害児の親たちと，「松任・石川障害児の暮らしと教育を考える会（現在の「白山・野々市つながりの会」）を結成。
2001年　「障害児を普通学校へ・全国連絡会」代表に（2014年まで）。
2016年　第48回中日新聞社主催「中日教育賞」受賞。
現　在　「白山・野々市つながりの会」代表。
　　　　「障害児を普通学校へ・全国連絡会」運営委員。
主　著　『知行とともに――ダウン症児の父親の記』川島書店，1994年（第32回一般財団法人日本保育学会「保育学文献賞」受賞）。
　　　　『子育ては自分育て』青樹社，1996年。
　　　　『特別支援教育を超えて――「個別支援」ではなく生き合う教育を』（編著），現代書館，2007年。

［制作・編集協力］　エディット　小林哲夫

共に生き、共に育つ
――障害児保育の現場から／社会の壁をなくすために――

2019年10月30日　初版第１刷発行　　〈検印省略〉

定価はカバーに
表示しています

著　者　徳　田　　　茂
発行者　杉　田　啓　三
印刷者　中　村　勝　弘

発行所　株式会社　ミネルヴァ書房
607-8494 京都市山科区日ノ岡堤谷町１
電話（075）581-5191（代表）
振替口座 01020-0-8076番

中村印刷・清水製本

ISBN978-4-623-08775-4

Printed in Japan